僕の好きな先生

朝日新聞記者
宮崎亮

朝日新聞出版

はじめに

私が久保敬《くぼたかし》さんを初めて取材したのは、2021年5月のことだった。

しかし、「教師・久保敬」と出会ったのは、その10カ月後の校長室だったのだと、いまになって思う。


久保さんが大阪市内の公立小学校で校長をしていた21年4月は、新型コロナウイルスの第4波が押し寄せ、感染者が急増していた。

すると当時の松井《まつい》一郎《いちろう》市長が「小中学校は自宅オンライン学習を基本とする」と唐突に発表した。全国でも例をみない方針に学校と家庭は大きく混乱した。久保さんは市の教育委員会に改善を訴えたが手応えがなく、その翌月、大阪市の教育行政を批判する文書を松井市長らに郵送した。

現職校長としては異例の行動だった。

私はすぐに久保さんを取材し、朝日新聞の社会面に大きな記事を載せた。多くの反響があり、小学校には全国から100通以上の励ましの手紙が届いた。その後、久保さんは市教委から文書訓告処分を受けたが、児童や保護者、同僚の信頼は変わらず、22年3月に惜しまれながら定年退職した。

その少し前、私は「あの校長先生」が退職するタイミングで何かを書かなければ、と考えて校長室を訪ねた。しかし、「退職する」という事実以外に何が書けるかについては全くあてがなかった。それまでの教員生活についてあれこれ質問をぶつけながら、1時間半ほど粘っただろうか。ふと、久保さんが「ほかにはね、一番最初の教師1年目のとき……」と話を始めた。


僕が担任をした5年生のクラスに、知的障害のあるトシくんという男の子がいました。下校のときは誰かが家まで送っていくことになってたんです。

4月に「トシくんを支えよう」とクラスの目標を立ててました。最初は大勢の子が送っていましたが、いつのまにか人数が減ってきて、おとなしい女の子、2人か3人だけになったんです。

学級会を開いて、僕が「どうなってんねん」と聞くと、みんな下を向いてます。「当番制でトシくんを送ろう」と話がまとまりかけると、一人が「私、習い事あるから無理や」と言う。すると別の子が「おまえ、そんなひどいこと言うんか」。今度はみんながその子を責め始めました。

そのときね、手を挙げて、「この話はやめてください」って言った女の子がいたんです。トシくんを毎日送っている女の子です。普段はほんまにしゃべらない、一度も授業で手を挙げたことのないような、おとなしい子です。

彼女は言いました。

「私がトシくんと毎日一緒に帰るのは嫌々じゃなくて、楽しいからです。みんなはトシくんを、モノ扱いしてるように思います」って。

クラス全体がシーンと静まりかえりました。

僕はすごく恥ずかしい気持ちになりました。トシくんを送る理由を聞きもせんと、「無理やり押しつけられているんだろう」と思い込んでいたんですね。

トシくんは言葉をしゃべれないんですけど、下校中に道のゴミを拾ったりとか、すごくきれい好きでした。その女の子に聞くと、よその家の玄関に靴がバラバラに置いてあるのに気づいたトシくんが、中に入ってきれいに並べたこともあるって。「そういうのが楽しい」と言ってました。

素直な優しい心ですよね。それと比べて僕が求めた「優しさ」は上から目線で、嫌らしい魂胆がみえみえでした。

そのときの教室は、ものすごい言いにくい雰囲気やったと思うんです。あのときの彼女の勇気と、自分の恥ずかしさと。いまも忘れられません。

この話を聞き終えた直後の校長室も、当時の教室と同じように静まりかえっていたはずだ。絶対にちゃんとした記事にしなければ……。私は背筋がぞくっとし、体が緊張していくのがわかった。

この話は、久保さんの退職に合わせて22年3月末の朝日新聞に掲載された。

私はひとまずほっとした。久保さんの新人時代についてはいつかまた詳しく聞きたいと思ってはいたが、あくまで「いつか」だった。私は4月の担当替えで別の仕事に忙殺され始めていた。

ところがその翌月、私はたまたま、久保さんが勤めた別の小学校の教え子に、テレビで見ない日はないほどの有名人がいると知ることになった。

お笑いコンビ「かまいたち」の濱家隆一《はまいえりゅういち》さんだ。

久保さんとは何度も話す機会があったのに、それまではこのことを一度も私に語らなかった。理由を聞くと、「いや、なんか、僕は去年、自分の行動で話題になってしまったけど、そのこととは関係ないし。濱家君に迷惑もかけちゃいけないしね……」と笑った。後に別の人から聞いた話だが、濱家さんがまだ売れない頃、久保さんは彼の小さな記事が載ったスポーツ新聞の切り抜きを手にして、いろんな場所で売り込んでいたそうだ。

濱家さんのいたクラス、そしてトシくんのいたクラスでは、どんな出来事があったのだろうか。久保さんは退職前、私にこんなことも言っていた。

「先生の仕事はしんどいこともあるけど、子どもとこんなに関われる仕事ってなかなかない。やっぱりおもしろい仕事やと思います」

久保さんと教え子の物語をたどる取材が始まった。

※1〜3章の本文では敬称を略した。

僕の
好きな
先生

目次

装丁	albireo Inc.
帯写真	白井伸洋
タイトル文字	和賀夏樹

僕の好きな先生

1章 僕の好きな先生

——かまいたち・濱家隆一のいた教室

久保敬（くぼ・たかし）　１９６１年生まれ、大阪府枚方《ひらかた》市出身。大阪市立木川南《きかわみなみ》小学校校長だった２０２２年3月に定年退職し、37年間の教師生活を終えた。同年4月から近畿大学非常勤講師。著書に『フツーの校長、市長に直訴！ガッツせんべいの人権教育論』（解放出版社）。

退職祝い、突然のメッセージ動画

「どうも、吉本興業《よしもとこうぎょう》の、かまいたち・濱家です」

2022年5月、元小学校教員の久保敬の退職祝いの会で、こんなあいさつで始まる動画が前ぶれなくスクリーンに映し出された。

お笑いコンビ「かまいたち」の濱家隆一によるメッセージ動画だ。

「僕はですね、小学校5年生、6年生のときに、久保先生に担任を受けもっていただきました」

思いがけない「来賓」の登場に、大阪市生野《いくの》区の会場はどよめいた。

「すごい、生徒のことを細かく見てる……」

恩師の久保との思い出を語る濱家の自撮り動画は5分近くも続いた。

この日の1年前、「久保先生」が一躍有名になった出来事があった。

大阪市立木川南小学校の校長だった当時、コロナ禍での市の教育行政を批判する「提言書」を当時の松井一郎市長らに書き送ったのだ。

その久保が教員生活10年目の1994年度から95年度にかけて担任を受けもった小学生の一人が、濱家だった。

前述したとおり、記者の私は2021年5月、久保が「提言書」を出した翌日に木川南小を訪れ、初めて久保を取材した。それを記事にした後も、市教委から文書訓告処分を受けた時の思いや、久保が定年退職する前の心境などを折々で聞かせてもらった。合間に雑談をすることは何度もあった。しかし、久保が「かまいたちの濱家くんは自分の教え子」と口にしたことは、この退職祝いの日まで一度もなかった。だから私も、会場で初めて濱家のメッセージ動画を見て、ほかの出席者たちと同様に驚いた。

動画の内容も心に響いた。

「いちばん印象的だったのが……」と濱家が語ったのが、子どもを怒った後の久保の対応だった。

「後日、『僕が間違ってたんかな』ってなったら、先生は自分自身で僕ら小学生に『ごめんあれはちょっと僕が間違ってたな。ごめんな』って謝ってきてたんすよね」

「なかなか小学生に言える先生っていなくて。初めてでしたね、久保先生が」

濱家は、久保がクラスで毎週のように発行していた「学級便り」についても語った。

この便りには、一人ひとりの細かな長所が書き込まれていた。

「例えば、マラソンで誰々さんがちょっとだけタイムが速なりましたとか。できなかった縄跳びができるようになりましたとか……僕たち生徒はそこをみんな喜んでましたね」


30年近く前の小学校の教室での出来事をこれだけ鮮明に記憶している人は珍しい。それも、人気芸人で発信力のある濱家だ。

思い出を語ってもらうことができれば、久保の子どもたちとの向き合い方を、多くの人に伝えられるのではないか――。

久保に電話で取材を打診してもらうと、濱家は「久保先生と一緒なら」との二つ返事でOKしてくれた。その後、所属する吉本興業を通じて正式にアポイントを取った。

6月中旬。大阪・ミナミの「なんばグランド花月《かげつ》」近くのホテルの部屋を借り、久保と一緒に濱家を待った。

濱家はマネージャーを伴わず、一人でホテルに現れた。1階まで迎えに行くと、長身の男性がエレベーター前で背筋を伸ばして立っていた。淡いグレーのスーツに濃紺のネクタイをきちんと締めている。

「よろしくお願いします！　濱家です」

3階の久保が待つ部屋に記者と一緒に入ると同時に、満面の笑みを見せた。1年9カ月ぶりの再会だという。

「昨日のは生放送？」

「そうです。東京で」

「殺人的なスケジュールで移動してるみたいやな」

「いやいや、ありがたいですよ、ほんま」

久保敬さん（右）と濱家隆一さん

会話の弾む2人に声をかけ、そろってソファに腰かけてもらった。机には久保が持ってきた卒業文集や当時の写真の数々を並べた。当時を振り返る取材が始まった。

小4まで問題児だった

《僕は、宿題もせえへんし、教科書も持っていかへんし、ほんま手ぶらで学校行くようなやつやったから。小学校1年生のときからもう『忘れ物の王様や』みたいな感じで》

濱家は大阪市立豊里《とよさと》小学校（東淀川区《ひがしよどがわく》）に通っていた当時、やんちゃで知られていた。幼い頃に両親が離婚し、4年生まで母、姉との3人暮らしだった。

《家での出来事は僕、うっすらしか覚えてない。あと、思い出そうとしたらちょっと嫌な感じになる……。おやじは家に帰ってけえへん、金ばっか持っていってオカンをどついたりとか。それでやんちゃになってたのも、あるかもわかんないです》

4年生までは友だちともあまりうまくいかず、先生からも問題児扱いされていた。

《僕も悪かったんすよ、もちろん。思うようにいかんかったらけんかばっかりして。でもね、いまでも印象に残っているのが、小3のときの先生に目の敵《かたき》にされてたことです》

運動会の練習があったある日のこと。おしゃべりをしている子も少なくない中、濱家も隣の子と雑談していた。

すると——。

《その先生が僕の胸ぐらつかんで朝礼台の上まで引きずりあげて、みんなの前でボコボコにしたんですよ。親に言ったらめちゃくちゃショック受けるだろうから言わなかったですけど》

その先生が家庭訪問にやってきたときのことも、忘れることができないそうだ。

《オカンと僕がいる前で、「まあ片親やから、ぐれるのしゃあないですわ」って言っ

小学生時代の濱家隆一さん

たんですよ》

4年生の担任からも最初の授業で「聞いてるよ。手のかかる大変な子やって」と言われたという濱家。教師という存在そのものを信用していなかった。

5年で担任、「当たりやん」

濱家に転機が訪れたのは小学5年生の春だった。

時は1994年。まだ20歳だったプロ野球・オリックスのイチローが、日本球界初のシーズン200安打を達成した年だ。

クラス分けで5年3組となった濱家。担任が久保だとわかるやいなや、大喜びした。

《僕はめっちゃうれしかったですね。うわあすげえ、当たりやん、みたいな》
当時32歳の久保が大阪市立豊里小学校に転任してきたのはその1年前、濱家が4年生になったときだった。
《めちゃくちゃおもろい、楽しい先生が来たってうわさは広まってたんで》
例えばクラスの「お楽しみ会」。授業の1時間をあてるのが普通だったのに、久保のクラスは丸一日を使って楽しんだ。
《そんなんを見て、みんな久保先生のクラスになりたいと言っていた》
久保はそれまでの濱家を見て、「周りがいいところを引き出せていないのでは」と感じていた。
個性の強い濱家君と、もう一人、後にその親友となるサワイ君が自分のクラスに来てくれたら――。
「学校の先生って、みんなに合わせることが大事やと考えがち。でも、この2人がいることで『いろんな子がごちゃまぜでいることのおもしろさ』をクラスに伝えやすくなるやろなと」

結果的に2人は5年生で久保学級に。「ドラフトしたんですか」と尋ねた記者に「たまたまやと思います」とほほえむ久保の横で、濱家は笑った。

《余裕でとれたと思いますよ。（ほかのクラス担任からは）指名かかってなかったと思います》

いまも捨てていない「学級便り」

濱家の「大人の言いなりにはならへんぞ」というようなギラリとした目が印象的だったという久保。教員同士の勉強会のために用意したプリントにも、名前をぼかした上で、濱家についてこう記していた。

「体も大きく、発言力もあり、クラスでも目立った存在である。腕力にものを言わせることもあり、彼を恐れている子も少なくない。家庭のごたごたもあり、4年生の頃には荒れた様子も見られたようだ。今も、ちょっとつっぱっている」

そんな濱家がいまも大切に保管しているのが、当時の「学級便り」だ。5年生のときのタイトルは「おお空」。わら半紙に手書き文字の懐かしいスタイルだった。

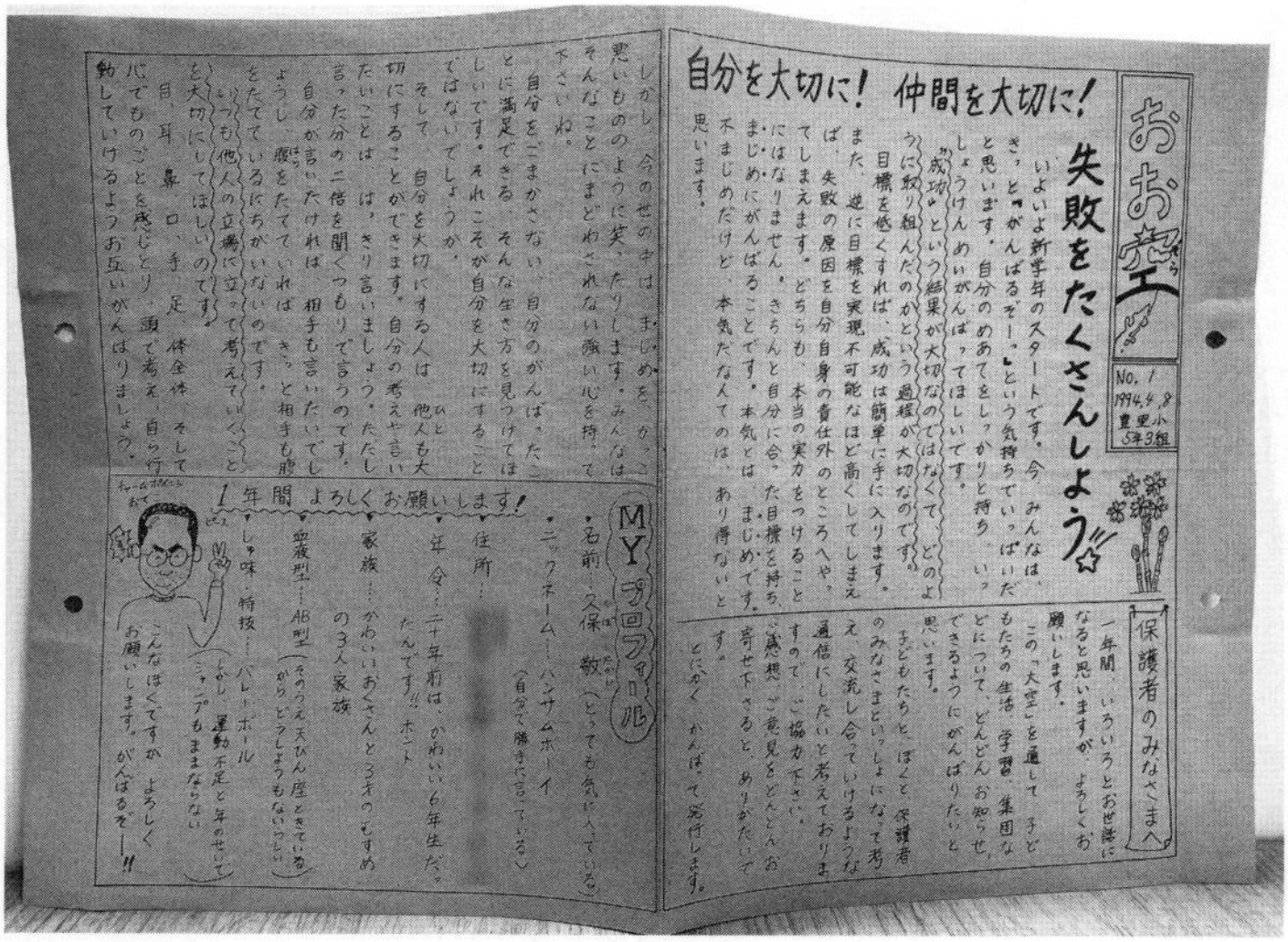
おお空《ぞら》
No.1
1994.4.8
豊里小
5年3組

自分を大切に！　仲間を大切に！

失敗をたくさんしよう☆

いよいよ新学年のスタートです。今、みんなは、さっと"がんばるぞー。"という気持ちでいっぱいだと思います。自分のめあてをしっかりと持ち、いっしょうけんめいがんばってほしいです。

"成功"という結果が大切なのではなくて、どのように取り組んだのかという過程が大切なのです。

目標を低くすれば、成功は簡単に手に入ります。

また、逆に目標を実現不可能なほど高くしてしまえば、失敗の原因を自分自身の責任外のところへやってしまえます。どちらも、本当の実力をつけることにはなりません。きちんと自分に合った目標を持ち、まじめにがんばることです。本気とは、まじめです。不まじめだけど、本気だなんてのは、あり得ないと思います。


しかし、今の世の中は、まじめを、かっこ悪いもののように笑ったりします。みんなは、そんなことにまどわされない強い心を持って下さいね。

自分をごまかさない、自分のがんばったことに満足できる、そんな生き方を見つけてほしいです。それこそが自分を大切にすることではないでしょうか。

そして、自分を大切にする人は、他人《ひと》も大切にすることができます。自分の考えや言いたいことは、きちんと言いましょう。ただし、言った分の二倍を聞くつもりで言うのです。

自分が言いたければ、相手も言いたいでしょうし、腹《はら》をたてていれば、きっと相手も腹をたてているにちがいないのです。

いつも他人の立場に立って考えていくことを大切にしてほしいのです。

目、耳、鼻、口、手、足、体全体、そして心でものごとを感じとり、頭で考え、自ら行動していけるようお互いがんばりましょう。

MYプロフィール
・名前…久保 敬《たかし》（とっても気に入っている）
・ニックネーム…ハンサムボーイ（自分で勝手に言っている）
・住所…
・年令…二十年前は、かわいい6年生だった。ホント
・家族…かわいいおくさんと3才のむすめの3人家族
・血液型…AB型（そのうえ天びん座ときている。からどうしようもないらしい）
・しゅ味・特技…バレーボール（しかし運動不足と年のせいでジャンプもままならない）

1年間よろしくお願いします！

チャームポイントはおでこ
ピース
こんなぼくですが、よろしくお願いします。がんばるぞー!!

保護者のみなさまへ
一年間、いろいろとお世話になると思いますが、よろしくお願いします。

この「大空」を通して、子どもたちの生活、学習、集団などについて、どんどんお知らせできるようにがんばりたいと思います。

子どもたちと、ぼくと、保護者のみなさまといっしょになって考え、交流し合っていけるような通信にしたいと考えておりますので、ご協力下さい。ご感想、ご意見をどんどんお寄せ下さると、ありがたいです。

とにかく、がんばって発行します。


濱家隆一さんが小学５年生のときの学級便り

1994年4月8日付の第1号には、大見出しで「失敗をたくさんしよう」「自分を大切に！　仲間を大切に！」。終わりの方の「いつも他人の立場に立って考えていくことを大切にしてほしいのです」の一文は、波線で強調してある。

久保はその後の学級便りで、子ども一人ひとりの細かな長所を見つけ、詳しく書き込んだ。

「算数のテスト直しの時、●●君が○○君に教えてくれていました。『わかった！』と納得顔の○○君」

「△△くんが、げた箱を一つ一つていねいにふいてくれています。」

めんどくさいことをできる△△くんは、本当にすばらしい人です。先生も見習いたいと思います」

こんな5年3組「久保学級」で過ごすうちに、濱家の心も和らいでいった。

ぼくばかりうたがわないでください

幼い頃は問題児扱いされ、友だちとぶつかることも多かった濱家は、久保に見守られながら、少しずつクラスになじんでいった。

しかし、夏休み前。週1回提出する日記に、濱家はこんなことを書いた。

「けんかをして口で言っても、気が弱い人は、すぐ泣いて、みんなが弱い人のかたばっかりもつから、いつも悪者にされている」

「いつもぼくが悪いとはかぎらないので、ぼくばかりうたがわないでください」

しばらくして、濱家と同級生のヒロシが殴り合いのけんかをした。

ヒロシは低学年から人とのコミュニケーションが苦手で、同級生から「変な子」扱いされがちだった。いじめられることもあり、欠席や遅刻も多かった。

濱家がヒロシをいじめたに違いない——。

クラスがそんな雰囲気になりかけたとき、ヒロシが珍しく「違う！」と声を上げた。

久保が詳しく話を聞くと、彼が濱家に特別な信頼を寄せていたことがわかったという。

久保によると、幼い頃はヒロシに対して「やや差別的な扱い」をしてきた子どもたちも高学年になり、「いろんなことができひんのはしかたない」と受け止め始めていた。ただそこには「ヒロシだからやってあげよう、という上から目線」がわずかに含まれている、と久保は感じていた。

そんな中、違うアプローチで彼と付き合っていたのが濱家だったという。

濱家は振り返る。

《クラスのみんなが「ヒロシやからこれをやってあげよう」と過保護みたいな感じになったときがあった。そんときに僕が「ヒロシも特別扱いされたら嫌なんちゃう？」という話をしたことがありました》

久保は、放課後に独りでいるヒロシに「一緒に帰るか」と声をかける濱家の姿をよく覚えている。

ヒロシと「普通に」仲良く

久保は、ヒロシの母親からも「濱家君がうちの子をよくサッカーや野球に連れ出してくれる」と聞いていた。

背景には濱家自身の家庭環境や友人関係での苦労があるのでは、と久保はみていた。「濱家君はやんちゃなイメージがついてまわり、本当の自分を認めてもらえないさびしさを持っていた」

だからこそ濱家はヒロシに共感し、ヒロシもまた、そんな濱家が自分のことを「普通の友だちとして付き合ってくれている」と感じていたのでは――。久保はそんな風に2人を見守っていた。

濱家は、それについてはこう振り返っている。

《僕は、普通にやってあげたほうがええんちゃう？　という意識でした。優しくしてやろうとかじゃなくて》

ヒロシは授業の流れと関係のない発言をして周りを困らせることがあった。一方で、お月見の季節にこんな日記を書いてきた。
「きのうまんげつおみましたら、月の中でいきなりうさぎがはねていました。これはマルヤマさんかもしれないとおもいました。びっくりしました」(原文ママ)
濱家やヒロシが3年生のときに病気で亡くなった女の子のことだった。
久保は心を打たれ、これを機に学級文集を作り始めた。
濱家もあるとき、こんなことを書いた。
「四年の時は、『あいつ変や』とか平気で言ってたけど、5年になって、ヒロシとはじめておなじクラスになって、ヒロシのおばちゃんにいじめられているとかいっぱい聞いた。自分の事じゃないけど、いじめたやつはらたった。自分にまわして考えたら、4年の時、ぼくは、えげつないことをしていたなと思った」(原文ママ)
やがてヒロシは濱家を「ハマちゃん」と呼び、どこへ行くにもくっついて歩くようになった。

きょうから濱家隆一です

濱家が「ハマちゃん」になったのは、実は5年生の終わりの頃だった。

母親の再婚で名字が「濱家」になったのだ。

同級生の田村《たむら》(現姓・喜多《きた》)めぐみは、名字が変わって最初に登校した濱家の様子をいまでも忘れることができない。

久保がクラスのみんなに「きょうから濱家君です」と紹介すると、濱家は黒板の前まで歩いてきた。

肩から選挙の立候補者のようなタスキをかけ、そこに「濱家隆一」とあった。

「きょうから濱家です！　イエーイ」


クラスのリーダー的な存在の一人になっていた濱家らしい、いつものおどけた調子でそう言った。

「偉い子やな……と。周りに気を遣わせないように、そうやってたんやと思う」

そう振り返る田村は、いまテレビで活躍する濱家の、共演者への気遣いにも、このときと通じるものを感じるという。

居酒屋で一緒に泣いた夜

濱家とヒロシは、進学した大阪市立東淀中学校の1年生でも同じクラスとなった。小学校で2人の担任だった久保は、女子たちが卒業後も久保を訪ね、「いまも濱家が結構、ヒロシをフォローしてる」と報告してきたのを覚えている。

そんな中学時代を、大人になった濱家が久保とともに振り返った夜がある。

《僕がデビューして3年くらい経って「ABCお笑い新人グランプリ」という賞をとったとき、先生がお祝いでご飯連れてってくれて。十三《じゅうそう》の「がんこ寿司」やったかなで、2軒目にちょっとした居酒屋連れてってもらって。そんときにヒロシの話をしたんです》

ほかの小学校から来た同級生にからかわれる彼を、いつもかばっていた濱家。だが、やがて自身も攻撃の対象に。「ヒロシの味方してるけど、おまえなんやねん?」——。

《1年生の最後らへん、それに疲れてしまったんです。「ようかばいきれんかったんすよね……」とその居酒屋で久保先生に言ったら、先生がめっちゃ泣き出して》

久保はこのとき、濱家にこう言った。

「濱家君、実は君らが中学校上がるときに、僕が『濱家とヒロシを同じクラスにしてもらえませんか?』って中学校の先生にお願いしてん」

8クラスある中でヒロシと同じクラスになったのは偶然ではなかった――。濱家がこの夜、初めて聞かされた事実だった。

《僕もそれ聞いて、「それやのに僕、最後までかばいきれんかった……」とめっちゃ泣いてしまった。自分から手を離してしまったなって思って》

久保にとっても、濱家がいまもこのことを悔やんでいたと初めて知った夜だった。

濱家は中2からヒロシと別々のクラスになった。高校に入り、久保学級のみんなで集まって公園でバーベキューをしたのを最後に姿を見ていないという。

「先生が間違ってた。ほんまにごめんな」

濱家が小学5年生のとき、ある年配の女性の先生が廊下を歩いてきた。

濱家は友だちと3人ですれ違いざまに「しわくちゃばばあ!」と言って、走って逃げた。

そのときのことを、濱家はよく覚えている。

《で、給食を食べてたら、久保先生がむちゃくちゃ怖い顔して入ってきて、「3人来い！」って言って廊下に連れていかれて。「おまえら、女性に対してそんなん言ったんか」と聞かれて、僕らが「言った」と認めたら、全員、頭をバーンバーンバーンって（笑）》

いつも優しかった久保が、血相を変えて「先生とか生徒とか関係なしに、女の人にそんなん言うこと自体があかんってわからへんのか」と怒鳴った。

《めっちゃ怒ってはって。たぶん久保先生がそんなに怒るのは初めてのことでした。僕はめっちゃ泣きました。先生にどつかれたことにびっくりして。「好きな久保先生を怒らせてもうた」みたいな》

給食ものどを通らなくなるほど泣いていた濱家。すると、久保が近くにやってきて言った。

「やったこと自体は君ら3人があかんけど、感情的になって手を出したのは先生が絶対間違ってた。ほんまにごめんな」

濱家にとって久保の最も印象深いところは、ひとたび自分が間違っていたと思えば小学生に対しても、きちんと謝る姿だった。

《そんな先生、それまで一人もいなかったし。ほかにも久保先生が謝ってくれることはよくありました。そんなん言ったら「その先生、間違ってばっかりやったんかい！」みたいに思われるかもしれないんですけど(笑)、そういうことじゃなくて》

ほかにも濱家が久保から何度も口酸っぱく言われ、失敗を繰り返しながら学んでいったことがあった。それは「自由と責任」だった。

「自由と責任」

小学校時代は「問題児」のレッテルを貼られていた濱家。もめごとを起こすと、5年生から担任となった久保もつい「また要らんことしたんか」と怒ってしまうことがあった。

でもそんな時、一部始終を見ていた誰かが「いや先生、実際はこうやねんで」と久保に報告に来た。「みんな、誰の味方をするとかではなく、事実に基づいてものごとの判断ができる子たちでした。あのクラスは」と久保は言う。

そんなクラスの雰囲気にも支えられながら、濱家は徐々に学習にも前向きになっていった。

《僕は小学校1年生のときからもう「忘れ物の王様や」みたいな感じで基本的に信用されてない子やった。ですけど、久保先生のクラスになってから「自由にしたいんやったらちゃんと責任を持たなあかん」っていうのをよく言われまして》

5年3組では宿題と、自分でテーマを決めて学ぶ「自主学習」があった。それまでほとんど宿題をしたことのなかった濱家は、1年間、両方を完璧にやり抜いたという。

《5年生の終わりに、めっちゃほめてもらったんです、久保先生に。「1年間ようやった」って。めちゃくちゃうれしかった。先生は最初から僕のこと、ちゃんと見てくれてたんですよね。でなかったら、最初に「好きなことやりたいんやったら、やらなあかんこともちゃんとやれ」って言うこともなかったと思う。ほめてくれたっていうのも、ずっと僕のことを見てくれてたわけじゃないですか》

やんちゃではあったが、濱家はクラスでリーダーシップを取るようになった。

久保学級が丸一日を使う一大イベント「お楽しみ会」の準備をしていたときのことだ。濱家らは「おやつにたこ焼きを作りたい」と訴えた。

久保は「クラス全員分って何個必要やと思ってんねん。絶対できへん」と強く反対したが、子どもたちはあきらめなかった。

「担任の通知表」

《週末にうちに何人かで集まって、たこ焼き機を使って練習して。負けん気だけは強かったんで（笑）》

本番では計画通りに全員分を焼き上げ、音楽の先生や保健の先生、養護学級の子らの分まで用意した。

当初「絶対できへん」と反対した久保は「ごめんな、ちゃんとできたな」と頭を下げた。自分が間違っていたら小学生相手にもきちんと謝る。濱家はそんな久保が好きだった。

だが、久保はいま、こう振り返る。「濱家君みたいに良く言ってくれる子がいるのはありがたいけど、僕が担任で嫌な思いをした子もいるはずです」

5年3組は翌春、そのまま6年3組となった。引き続き担任を務める久保に対し、夏休み前にある女子がふと言った。「先生は私らにいろいろ言うばっかりで、自分は誰からも怒られへんから、いいよな」

そこで久保は自身の評価を問うアンケートをクラスに配り、夏休み明けの学級便りに「担任の通知表」として結果を載せた。

「担任は、みんなに平等ですか」…「はい」59%、「どちらでもない」16%、「いいえ」25%

「担任は、あなたの気持ちをわかってくれますか」…「はい」38%、「どちらでもない」42%、「いいえ」20%

厳しい数字だ。久保は結果の下に「ひとりひとりの気持ちを大切にすることができていない自分の姿が、この結果に見えています」と書き、わびている。

取材に「僕、かなりへこんでたと思います」と苦笑いした久保はこう語った。

「僕は、やんちゃな子への対応には一生懸命になってたけど、その陰でちゃんとまじめにやってくれてる子たちへのアンテナが低かったかもしれない」

そして、心のどこかに「評価される教師になりたい」という欲がなかったか……。

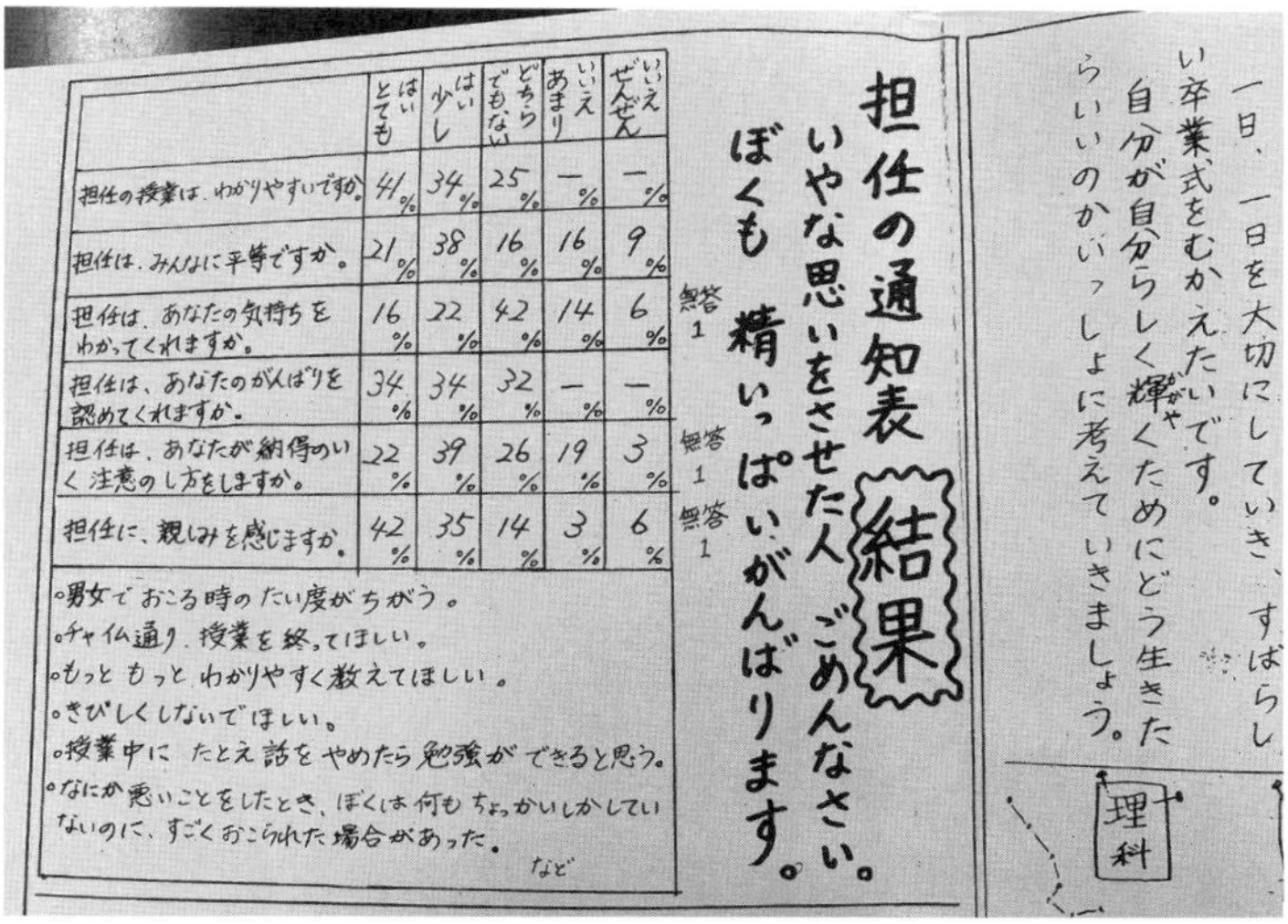

	はい とても	はい 少し	どちらでもない	いいえ あまり	いいえ ぜんぜん	
担任の授業は、わかりやすいですか。	41%	34%	25%	—%	—%	
担任は、みんなに平等ですか。	21%	38%	16%	16%	9%	
担任は、あなたの気持ちをわかってくれますか。	16%	22%	42%	14%	6%	無答1
担任は、あなたのがんばりを認めてくれますか。	34%	34%	32%	—%	—%	
担任は、あなたが納得のいく注意のし方をしますか。	22%	39%	26%	19%	3%	無答1
担任に、親しみを感じますか。	42%	35%	14%	3%	6%	無答1

○男女でおこる時のたい度がちがう。
○チャイム通り、授業を終ってほしい。
○もっともっとわかりやすく教えてほしい。
○きびしくしないでほしい。
○授業中にたとえ話をやめたら勉強ができると思う。
○なにか悪いことをしたとき、ぼくは何もちょっかいしかしていないのに、すごくおこられた場合があった。
など

担任の通知表　結果
いやな思いをさせた人　ごめんなさい。
ぼくも　精いっぱいがんばります。

一日、一日を大切にしていき、すばらしい卒業式をむかえたいです。
自分が自分らしく輝《かがや》くためにどう生きたらいいのかいっしょに考えていきましょう。

理科

学級便りに掲載された「担任の通知表」

「少なくとも、背伸びしてた自分には気づくことができ、結果を保護者にも伝えようと思って学級便りに載せた。いい教師とは何なのか、もういっぺん考えるようになりました」

卒業前の学級便りに「将来の夢」

6年生になると濱家は気持ちが緩んだのか、宿題も自主学習もやらなくなってしまった。

《そもそも継続ができない子やったんで（笑）。そのときに、先生が「せっかく1年かけて作った信用も、こういう風になると一瞬でなくなるからな」って(笑)。これは、めちゃくちゃ覚えている。だから、逐一やっぱ、行動を見てくれてたなっていう。他の先生では、こんなに覚えてることないですもん》

卒業が近い3月の学級便りでは、クラス1人ずつの特徴や将来の夢が紹介された。濱家の将来の夢には「マンガ家・まんざい師」とある。

「担任より」という欄には久保の濱家評が書かれている。

「まじめなのか　ふまじめなのか　よくわからんところがあるけど、やる時はやる根性の持ち主です。自分の思ったことや　考えを　ずばっと言うことができるのは、自分というものをしっかり持っているからでしょう。また、だからこそ、他人《ひと》のこともきちんと考えていけるのだと思います。ユーモア、やさしさ、パワーをかねそなえたすばらしい人になるために、自分にきびしくがんばって下さい」

濱家は、5、6年生の2年間で80通近く発行された学級便りをいまもすべて保管しており、タイトルに込められた意味まではっきりと記憶している。

《5年生のときが「おお空」ってタイトル。高学年になって大空のように高い目標を持つと。6年生のときが「大地」。最高学年になったらその目標に向かってしっかり

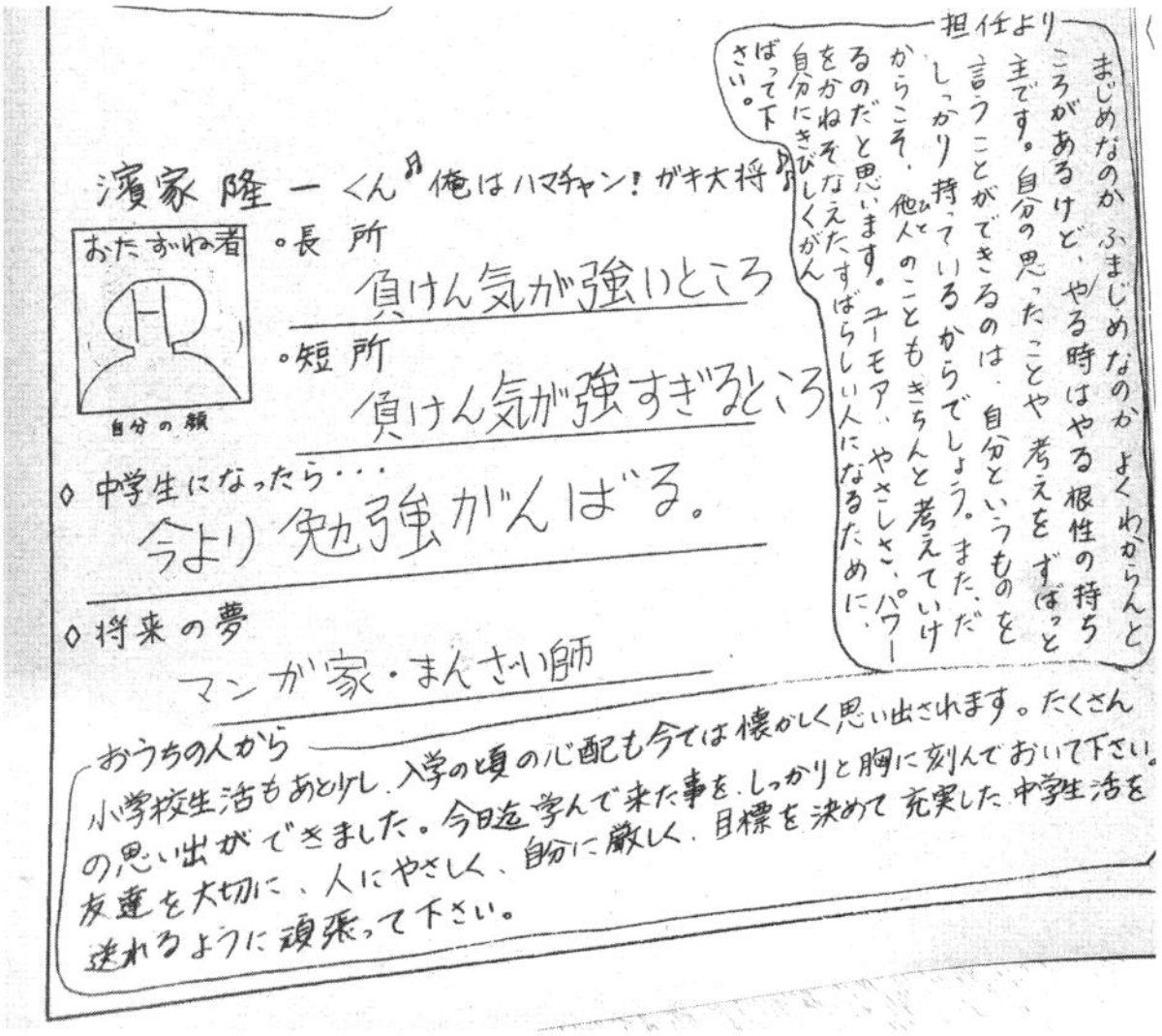
濱家 隆一くん♪俺はハマチャン！ガキ大将♪

おたずね者

自分の顔

◦長所
負けん気が強いところ

◦短所
負けん気が強すぎるところ

◇中学生になったら・・・
今より勉強がんばる。

◇将来の夢
マンガ家・まんざい師

担任より
まじめなのかふまじめなのかよくわからんところがあるけど、やる時はやる根性の持ち主です。自分の思ったことや考えをずばっと言うことができるのは、自分というものをしっかり持っているからでしょう。また、だからこそ、他人《ひと》のこともきちんと考えていけるのだと思います。ユーモア、やさしさ、パワーをかねそなえたすばらしい人になるために、自分にきびしくがんばって下さい。

おうちの人から
小学校生活もあと少し、入学の頃の心配も今では懐かしく思い出されます。たくさんの思い出ができました。今日迄学んで来た事を、しっかりと胸に刻んでおいて下さい。友達を大切に、人にやさしく、自分に厳しく、目標を決めて充実した中学生活を送れるように頑張って下さい。

濱家隆一さんが小学６年生のときの学級便り

地に足着けて歩んでいく、みたいな意味のタイトルだったと思います》

タイムカプセル、成人式の日に

濱家が小学校を卒業してからも、5、6年生を共に過ごした「久保学級」の交流は続いた。

成人式の日には、同級生たちと久保で一緒に、卒業前に校庭に埋めたタイムカプセルを掘り出した。そこに入っていたのは一人ひとりが作った版画だ。

自分の顔を彫ったり、好きな

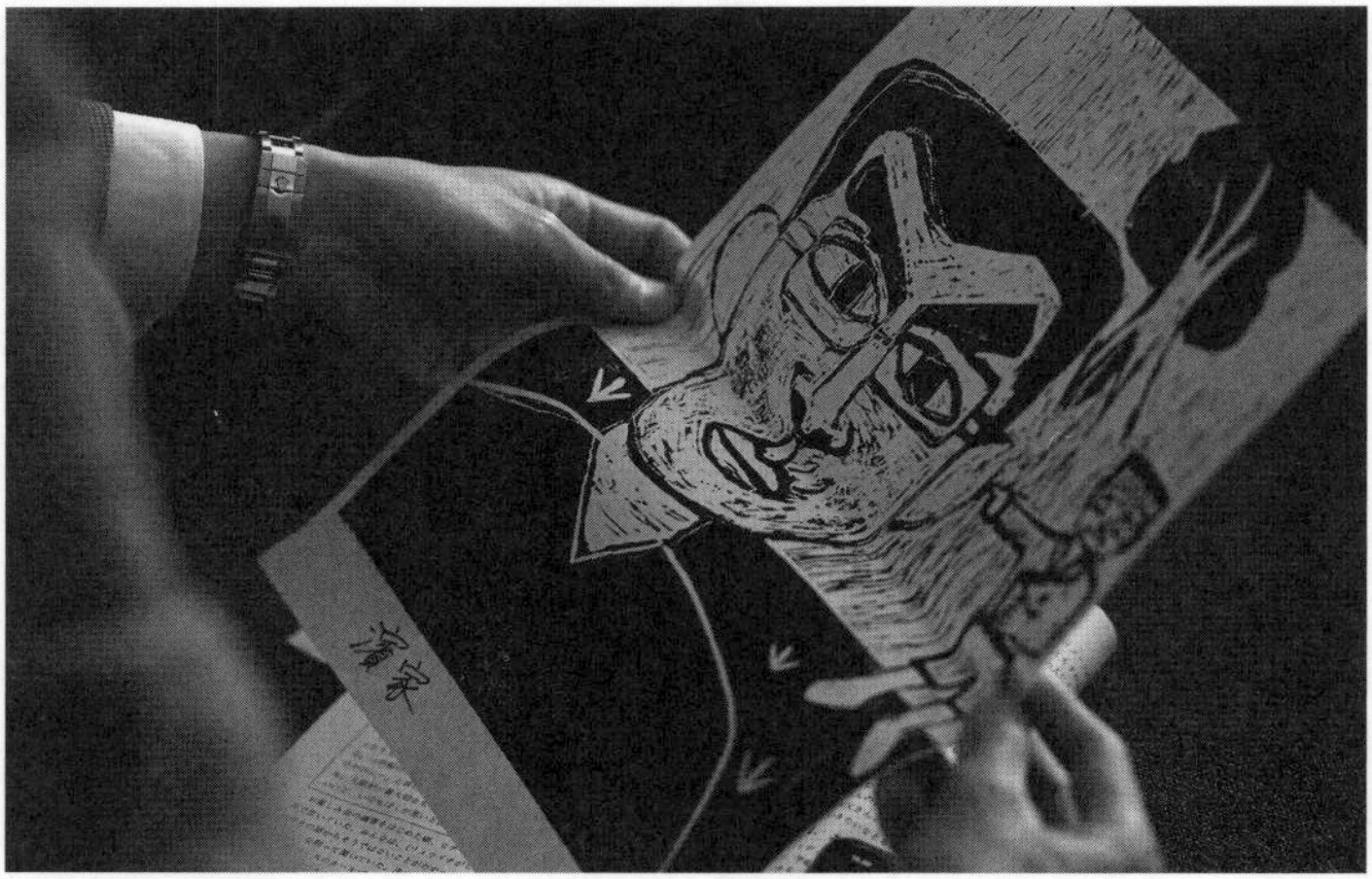

久保敬さんを描いた濱家隆一さんの版画。右側に小さく濱家さんの姿も。成人式の日、校庭の隅から掘り出したタイムカプセルに入っていた

昆虫を彫ったりする子が多い中、濱家の版画には大きな久保の顔が彫ってある。横には久保を指さす小さな濱家の姿も。

《マジで先生に会ってるか、会ってないかで人生めちゃくちゃ変わってたと思いますよ。うそでもなんでもなく、おだてるわけでもなんでもなく》

4年生までは家庭でも学校でもつらいことが多く、記憶がおぼろげだという濱家だが、5年生、6年生での記憶は驚くほど鮮やかに残っている。

《細かいことをバーッて思い出せる

のは、本当に楽しかったんやと思いますね。久保先生からは、周りの友だちを思いやることを教わりました。みんなで目標に向かって一致団結することとか、周りの人と調和するとかっていうのは、ほんまに久保先生から学んだことだと思ってます》

芸人の仕事を続ける上でも、久保から教わったことが役に立っていると感じるときがあるという。

《自分たちの番組で（司会として場を）回すときとかも、「いま、この人なに考えてんねやろ」とか、「退屈してる人おらへんかな」とか。めちゃくちゃ考えること多いんで。やっぱり絶対、久保先生に教わったことが役立ってると思います。出会ってなかったら人生変わってたって、ほんまに思いますね》

松井市長への「提言書」

「大阪市長　松井一郎　様

大阪市教育行政への提言

豊かな学校文化を取り戻し、学び合う学校にするために」

2021年5月17日朝、大阪市立木川南小学校の校長だった久保はこんな「提言書」を松井一郎大阪市長あてに封書で送った。市の山本晋次《やまもとしんじ》教育長にも同じ文面を送り、いずれも文末には自らの実名を記した。コロナ禍でのオンライン学習をめぐる混乱など市の教育行政を批判する内容だ。

この頃、久保の教え子だった濱家も、ツイッター上で大阪市の小学校長が話題になっていることには気づいていた。だが当初は、それが自分の恩師だとは思いもよらなかった。

《最初はツイッターで、#どこどこの先生を支持します、みたいな投稿を見た気がするんですけど、そのときは「へえー」ぐらいにしか思ってなくて……》

朝日新聞に載った「現職校長、市長への提言書」という見出しの記事を濱家の同級生の女性が写真にうつし、いまも交流が続く「久保学級」の仲間たちのLINEグループに投稿した。

「応援してます！」というメッセージとともに。

次々と励ましの言葉が投稿され、久保は「みんなありがとう」と応えた。これに対して同級生らは「先生の生徒だった事を誇らしく思います」「学校を代表して声をあげる勇気尊敬します」などと返した。

《このLINEのやりとりで、あれは久保先生のことだったんや！　ってなりました》

そう振り返る濱家自身もこのとき、「先生に会えた事がぼくの人生の宝物です。何でも協力しますので言ってください」と投稿した。

この「提言書」を出したことで久保は同年8月、市の教育委員会から文書訓告処分を受けた。

《もうちょっと大人しいしてたら普通に定年やったのに(笑)。でも、自分の思ったことを行動に移すってのはほんまに久保先生だなって感じがしました。僕が偉そうに言うのもあれですけど、すごいまっすぐな先生だから。もうそこは曲げられなかったんだろうなと》

僕らの知ってる「久保先生」とちょっと違う……

久保が出した提言書を伝える記事の、文中の見出しにはこうあった。

「オンライン学習『環境整備不足、場当たり的』」

「現場の教職員『働く意欲さえ失いつつある』」

濱家は、この記事を含む複数の報道を見て、やや違和感を覚えていた。報じられる「久保校長」のイメージが、自分たちの知っている実際の「久保先生」とはちょっと違う——。

《記事をいろいろ読んだんですが、それだけ読んだ人から見れば、「オラーッ、俺はこう思うんだー！　ふざけんな、大阪市！」と言っている先生のように見えるかも、と思いました。でも、僕らは先生を知ってるから、そうじゃないんだっていうのはわかってて》

市の方針は、「自宅オンライン学習が基本」としつつも児童は給食のために登校し、家庭が児童の預かりを希望するか否かで登下校時間にばらつきが出るというものだった。

集団登校ができず、交通事故などのリスクが高まると考えた久保は、市の方針に従わなかった。同僚にも相談し、集団登校の継続については保護者アンケートで9割の賛成を得ていた。

《それぞれの学校の環境は一緒じゃないから、一律にはできないってことですよね。そういうことだろうなと思ってました。先生1人の考えでやったことじゃなくて、周りのみんなのことを考えて、「こうやったらいいんじゃないか」と提案したんだろうと。それは僕はもう、めちゃくちゃわかったんですよ。先生らしいなと。そういうところは、僕らが教わってた頃と変わってないです》

競争と切磋琢磨は違う

「子どもたちと一緒に学んだり、遊んだりする時間を楽しみたい。子どもたちに直接かかわる仕事がしたいのだ。子どもたちに働きかけた結果は、数値による効果検証などではなく、子どもの反応として、直接肌で感じたいのだ」

大阪市立木川南小学校の校長だった久保が、当時の松井一郎市長らに書き送った「提言書」の一節だ。

その中で久保はさらに全国学力調査や市の学力経年調査にもふれ、「子どもが過度な競争にさらされている」と訴えた。

競争と言えば、芸人の世界も厳しい競争の世界だ。

濱家に取材でそう水を向けると、こう語った。

《それは大人になってからの話なんでね。小学生はちょっとどうかわかんないですけど。大人になって、しかもこんな自分の好きなことをやる仕事、競争は激しくて当たり前だと思います》

一緒に取材に応じた久保はその時、横からこう言った。「濱家君はきっと他人と競争してるんじゃない」。それよりも自分を高めることに集中しているように感じるのだという。

濱家はこう返した。

《確かに……ほかの芸人に対して「あいつら失敗しろ」とか思ったことないですよね。そんな芸人さん多いと思いますよ。「あいつはすべれ」とか思ってる人、実はあんま

久保敬さん（右）と濱家隆一さん

りいないと思います。ええやつばっかりなんで》

「競争と切磋《せつさ》琢磨《たくま》は違う」と語る久保。

濱家によると、久保学級でも縄跳びの回数や長距離走のタイムを競い合うことはあったし、1位をとれば久保はほめてくれた。だが、それだけではなかった。

《先生は「縄跳びが苦手で10回しかできなかったこの子が、15回跳べました」みたいなことを学級便りに書いてくれたり。そういうのが僕らはすごくうれしくて。ほんまに僕たちのめっちゃ細かいとこまで見てくれた》

個性を認め、伸ばしてくれた

久保は授業中でも子どもの輝きを見逃さなかった。

濱家といまも親しいサワイ君というやんちゃな同級生がいた。彼が注目を浴びた授業中の一幕を濱家は鮮明に覚えている。

《国語か社会の授業。たしか教科書が横書きやったから、社会やったかな》

教科書にあった「多多ある」という表現に、ある子が「授業と関係ないけど、なんで『多々』じゃなくて『多多』と同じ字が続くんですか」と質問した。

《そこで先生が1回授業止めたんですよ》

すると、サワイ君が言った。「行が変わって文の最初に来る文字が『々』じゃ、何のことかわからん。わかりやすいように、『多多』ってしたんちゃうか」

《そしたらクラスが「オー」みたいになって。そこで、久保先生が言ったんです。「みんな、これが勉強ってことなんやで」って》

久保はこのように授業を止めて、みんなで考える時間をよく設けた。《教科書の中身を覚えるのも大事やけど、これが勉強やで、と。気になることはどんどん聞いていいからな、みたいなことを言ってた。これが衝撃で……すげえなって》

濱家の記憶はほぼ正確だった。6年生の10月の学級便りで、久保はこの場面を記録していた（実際は「多多」ではなく「国国」という表現だった）。

「『記号だから、行の一番先頭を〈々〉ではじめるわけにはいかない。『、』や『。』を一番先頭にもってこれないのと同じだ。』と説明してくれ（略）『えー知らんかったわ』なんてつぶやきも聞かれ、ちょっとざわざわ。（略）こういうのが、本当の学習なんじゃないかと頭を打った思いです」

2022年の夏、記者の私はいまも地元に住むサワイ君こと澤井優輔《さわいゆうすけ》の営むコンビニを訪ねた。澤井はこの話こそ覚えていなかったが、濱家と一緒に久保に怒られたこと、励まされたことを懐かしく語った。

「普通やったら抑えつけてると思うんですよ、僕と濱家なんか。でも先生は僕らの個性っていうものを認めて、すごく伸ばしてくれた」

結婚式でスピーチ

濱家は2017年、自らの結婚式に久保を招いた。

大阪市内であった式には濱家の友人たちのほか、吉本興業の幹部や名だたる芸人たちが出席したが、その中で濱家がスピーチを頼んだのは3人だけだった。

《乾杯のあいさつが「千鳥《ちどり》」の大悟《だいご》さん。新郎代表のスピーチが、吉本の副社長の藤《ふじ》原《わら》さんと、久保先生だったんです》

大悟は、若手時代に明石家さんまやビートたけしから言われた「他人の評価を気にするな」「やりたいことをやれ」という言葉を濱家に贈りつつ、最後はオチをつけて爆笑を誘った。

続いて久保だ。

大悟の話術に「面白すぎる」と感動しつつ、「その次」が重圧になり、頭が真っ白になった。

濱家隆一さんが将来の夢を書いた卒業文集。写真は右から濱家さん、久保敬さん

「スピーチは『ほんの短くでいいです』と言われてたんで、たくさんの中の一人かと思って、ちゃんと準備しなかった。後悔しました（笑）」

だが、そこは長年教壇に立ち続けてきた久保だ。アドリブで濱家の小学校時代を振り返った。

まず、母親に「やればできる子です」と言い続けたところ、あるとき「いつやるんですか」と問い詰められたというエピソードで笑いを誘った。

そして濱家さんが卒業文集でこう書いていたことを披露した。

「漫才師でめちゃめちゃ売れてる」

立派な結婚式に呼んでもらったことにお礼を言い、こう付け加えた。

「みんなが名前を知る漫才師になった。『やるときはやる』と僕が言ったんを、いま、彼が証明していると思います」


スピーチの後、トイレで順番待ちをしていた久保に声をかけた男性がいた。お笑いコンビ「女と男」の市川義一《いちかわよしかず》だ。

「スピーチ感動しました。小学校の担任の先生が結婚式に来るって、なんか、すごいことですよね」

久保が取材でこの場面を振り返ると、濱家さんもその横でうなずいた。

《確かにそうっすね。あんまり見ないことですよね。スピーチまでしてもらって》

大人の都合を押しつけない

濱家は卒業文集に書いた夢をかなえ、芸人としてテレビの一線で活躍する。

私生活でも2児の父となった。子育てでは試行錯誤の日々だという。

《3歳の娘に僕が「このＹｏｕＴｕｂｅを見たら服着替えようか、約束な」と言って、娘が「うんわかった」と。でも、見終わった後にやっぱり嫌や、とか言うんです》

以前は「約束したのにやれへんってどういうことやねん」と言ってしまいがちだったが、近頃はそれを改めたそうだ。

《僕が無理やり約束させているだけだった。それで約束を守らずにしかられても、この子にとっては何一つ良いことは残らない》

いまも同じような約束はするし、娘がその約束を守れないこともある。そのときは時間がかかっても、ちゃんと自分で服を着替えるように促してあげるのだという。

《いい形で終わらせてあげて、「約束守れたな」とほめてあげる。成功体験を積ませてあげることを軸にして、子育てしています》

久保が小学校教員として大切にしてきたことの一つは「大人の都合を押しつけない」ことだ。子どもたちの「こうしたい」という思いを大切にし、大人はそれを後ろから支えてあげる。そんな久保は濱家から見て、昔と全く印象が変わらないという。

《そのことが本当にすごいと思うんです。いまの学校って当時と全然違うやろし、大変なこともいっぱいあったやろうけど、根本にあるもんが変わらずにやってこられた。信念持って仕事をしていくっていうのは、どんだけ大変なんやろうって思いますので……。見習わなあかんなと思います》

出会えたから今の自分が

「久保学級」で濱家と過ごした同級生たちに会いに行き、直接、話を聞かせてもらった。

母校・大阪市立豊里小学校近くにいまも住む澤井優輔は小学校時代、濱家と並ぶやんちゃ坊主だった。その彼を珍しく落ち込ませたのが、学校で受けた健康診断の結果だ。

「お医者さんから『はいこれ、見える?』と聞かれて『見えへん』と。そしたら『え、うそ!』って言われたんですよ」

結果は「赤緑色弱」だった。俺、アカンのかな……。下を向いていると、久保からこう言われた。

「いや澤井君、違う。人と違うように見えるということは、それ才能やから」

デザイナーの人にも色弱の人はいるし、それは君の個性。悪いことじゃない――。

そう聞いた澤井は「じゃあ俺、それでいいんや」とほっとした。

「たぶん久保先生は無理に慰めようとしたんじゃなくて、そういう考えの人なんです」

欠点に思えることは、同時に長所でもある。その考えはコンビニを営むいまの澤井にも生きている。

「例えばバイトの子にしても、欠点が実は長所とつながっていたり。だから、できていることを見てあげる。他では長続きしたことないけどうちでは続いてる、って子もいます」

高校まで一緒だった濱家にも同じことを感じるそうだ。濱家は久保の「学級便り」をすべて保管し、その教えもよく覚えている。

「濱家は『染まりやすい』んですよ。芸人の世界に入ったら、いいとこも悪いとこもすぐ影響されて。でも、逆に言うたら『素直』。いろんなことを覚えて、よく考える。長所と短所ってとらえ方が違うだけで、一緒ですよね」

大山《おおやま》（現姓・花田《はなだ》）奈津子《なつこ》は「久保先生は、『自分が先生やぞー』っていう感じではなく、先生もみんなと一緒、という考え方でした」と振り返る。その一つが、前述した「担任の通知表」だ。子どもたちにアンケートをして自分自身を評価させ、その結果を学級便りに載せた。

このきっかけとなった一言を発したのが大山だった。授業中、何かの理由でクラスのみんなが久保から注意されたとき、「先生は私らにいろいろ言うばっかりで、自分は誰からも怒られへんから、いいよな」と言った。

大山はこのときのことを覚えていた。

「久保先生って、言いやすいんですよ。親に対して言うような愚痴を、先生にも言えてしまう。ちょっとした子どもの愚痴も抱えこんじゃう先生だったから、アンケートまでしたんでしょうね。私はたぶん、そこまで深く考えて言ったわけじゃなかったのに」

久保は、一人ひとりの子どもに対しても平等に接していたという。大山は、やんちゃで知られていた濱家と5年生で同じクラスになり、4年生までとの変わりように驚いた。

だが、決して久保が特別に濱家の面倒をみていた印象はないという。「たぶん、私たちの知らないところでいろいろフォローしてたんだと思いますけど、全然それを表には出していなかった。つきっきりでもなかったし」

クラスでいじめがあったときも、みんなで机を円にして、いじめられた子も含めた話し合いの場が作られた。

「この子がだめ、この子はいい、じゃなくて。お互いの意見をみんなで言い合おうと。学級会は多かったですね」

大山はいま愛知県に住み、小学生2人を含む4児を育てている。

「いまの小学校って、誰かと誰かがけんかしても、教室とは別の部屋にその子らだけ呼んで1対1で話をさせて、謝らせて。親に連絡しておしまい。みんなで話し合いをしようというのはないですね」

子育てをしながら、「久保先生だったらいま、子どもに対してどう言うかな」と、ふと考える瞬間があるという。

田村（現姓・喜多）めぐみは小学3年生まで学校が大嫌いだった。給食を全部食べられず、運動も苦手。いじめのターゲットになり、いつもかんでいた指の爪はぐちゃぐちゃになり、新しい鉛筆の先まで歯形をつけた。

あるとき風呂上がりに髪の毛を拭いていると、頭に小さな禿《は》げがたくさん見つかった。のちに「抜毛症」という心の病気だとわかった。

それが、4年生で久保のクラスになり、がらりと変わったという。

忘れられないのがその年にあった作文コンクールだ。

大阪市の環境事業局で働く「ごみ収集のおじさん」が学校で講演をし、学年全員でお礼の手紙を書いた。久保は「田村さんの作文、すごくいいから、コンクールに出そう」と声をかけてくれた。田村は放課後、久保に相談しながら決められた行数まで作文を書き足した。コンクールに出すと、小学生の部で金賞に輝いた。

「周りの子からもすごいねって言ってもらって。初めて自分が、いいことで注目されたんです」

その後も久保は、ことあるごとに声をかけてくれたという。「跳び箱で8段跳べたときとか、お楽しみ会の劇でセリフがうまかったとか、いろんなことでほめてくれて」

少しずつ明るくなった田村は、6年生になると仲の良い女子とコンビを組んで、休み時間にこっそりコントの練習をするまでになったという。

卒業のときには「田村さん、表に出てなにかをやるの、向いてるから」と声をかけてくれた久保。その一言がきっかけになり、高校では演劇部に入り、その後は小劇場で舞台女優を10年ほど続けた。

「久保先生は、私自身が気づいていなかった私を、見つけてくれた人です」

同じく4年生から久保のクラスにいた永井航《ながいわたる》は、大阪市内の小学校で教員をしている。

久保の影響で小学校教員に憧れたが、大学受験で失敗して小学校の教職課程のない大学に進んだ。

卒業後、人材派遣会社に就職して2年目のことだった。リーマン・ショックの影響で派遣スタッフ100人ほどに解雇通告をした。会社の存続を考えればやむを得なかったが、苦しかった。「一家が路頭に迷う」と泣かれたこともあった。

その後もつきあいを続けていた濱家は、この頃から少しずつテレビに出始めていた。

「まだ稼げていなかったと思うけど、『好きなことやれていて、めっちゃ面白い』と聞いていた」

頭の片隅にあった教員への憧れと向き合った。

「小学校の先生なら『子どもにとって一番の選択肢は何か』を常に考えて働ける」

退社して通信制大学に入り、1年で教員免許を取った。

濱家は「いままでの航やったら、その選択肢はなかったよね」と驚いていたという。

永井は「濱家の存在がなかったら、前の仕事をそのまま続けていたかも」と振り返る。

母校の豊里小で教育実習を終えると、久保が電話をくれた。

「永井君やったらイケる。がんばって」

久保の助言に従い大阪市教育委員会に直接足を運ぶと、年度末ぎりぎりに市立小学校の講師の口が見つかった。働きながら採用試験に合格し、1年後には教諭となった。いまは3校目の小学校に勤めている。

久保学級では丸一日を使う一大イベント「お楽しみ会」があったが、永井学級でも同じだ。コロナ禍でも「制限がある中で子どもができる限り楽しむには」と、日頃から考えていた。

2校目では、やんちゃな男子を感情的に叱ってしまったことがある。「ごめんな」と頭を下げると、「先生に謝られたのは俺、初めてやわ」と言われたという。

「知らず知らずのうちに久保先生の考え方に影響を受けたんやと思います」

久保が「提言書」を松井一郎市長らに出したとき、永井はこう思った。

「自分の考えをパッと言うのと、『周りを守るために』という考え方。それが先生らしいなと。僕ら若い世代が働きやすくなるために、そういうことを言ったんやろなと思いました」

この学年の久保学級には永井の他にも小学校教員になった同級生がいる。それぞれの道に進んだ仲間たちは2022年の春、37年間の教師生活を終えた久保の退職をねぎらい、みんなで寄せ書きした色紙を贈った。

「久保先生に出会えたから今の自分があると思います。永井航」

「私が自信を持って彩り豊かな人生を歩んでこられたのは、先生との出会いがあったからでした。　喜多めぐみ」

「小学校での思い出、夏休みにみんなで宿題をした事、思いっきり遊んだ事、討論、議論沢山の事を学びました！　花田奈津子（大山）」

「長生きして　さわい」

「あの時久保先生に出会えてなかったら人間歪《ゆが》んでたかもなぁとよく思います。　濱家隆一」

20年ぶりのヒロシ

２０２３年4月下旬、久保や濱家がずっと気にかけていたヒロシの消息が判明した。濱家のことを「ハマちゃん」と言って慕っていた、あのヒロシだ。

見つけたのは、いまも学校近くに住む同級生の三矢《みつや》藍《あい》だ。その日の午前中に近所で自転車に乗っていたところ、対向してきた自転車の男性とすれ違った。ひょっとして……と思って引き返し、信号待ちをしていたその男性の横顔を見て、間違いないと確信した。

「見つけた！」

同級生の誰もが連絡を取れていないことを知っていた三矢は、やや興奮しながら「久しぶり〜」と声をかけた。

小学生時代と変わらない甲高い声で「あー、三矢〜」と返したヒロシに三矢はスマホを差し出し、同級生で久保の定年退職を祝ったときの写真を見せた。ＬＩＮＥを交換し、「久保先生に会いたいな〜」と言ったヒロシはその場で同級生のＬＩＮＥグループにも入った。

「元気にしてます、とか投稿したら、久保先生はすぐ返事くれるからね」と言ってその場で別れたが、それから30分ほどして三矢は、ヒロシがグループから抜けてしまったことに気づいた。

久保は三矢を通じて自分のＬＩＮＥを教えたが、それでもヒロシから音沙汰がないため、翌日になって自ら連絡を取った。

久保が自宅を訪ねて本人や母親に聞き取ったところ、ヒロシは高校には行かず、保育の専門学校に通った時期もあったが、周りの学生にからかわれて退学した。その後は滋賀や奈良で暮らしていたが、父親が8年前に亡くなってから実家に戻り、母親と2人で暮らしているという。

久保によると、ヒロシは成人式にも出席しなかった。式の後、小学校に集まった同級生の何人かがヒロシの自宅まで様子を見に行き、学校に連れ出したが、夕方の同窓会が始まる前には再びどこかへ行ってしまったという。

これを最後に久保はヒロシの姿を見ることがなくなり、やがて年賀状のやりとりも途絶え、今回の再会は20年ぶりとなった。

5月下旬、記者の私もヒロシに会いに行った。

久保と一緒に自宅近くのファミレスで待ち合わせをしたが、約束の時間に現れず、電話もつながらない。あきらめて帰ろうとしたところで、2時間ほど遅れて姿を現した。

黒いトレーナーを来たヒロシは「遅れて……すみません」と言って席に腰かけた。髪の毛は少しぼさついていて、マスクをしていたが、その上にある澄んだ瞳が印象的だった。40歳を前にした男性としては、とても若く見えた。

濱家との思い出を尋ねると、「あいつはほんとに人気もんで……」と語り始めた。

「ほんとにいいやつです。僕が困っているときはかばってくれたり、助けてくれたり……よー遊んでました」

小学5年生のときに濱家と殴り合いのけんかをしたことについても聞いた。低学年の頃から友だち付き合いが苦手で「変な子」扱いされがちだったヒロシと、やんちゃな濱家。2人のけんかを見て、クラスが「濱家がヒロシをいじめたに違いない」という雰囲気になりかけたとき、ヒロシが珍しく「違う！」と声を上げたときのことだ。

「覚えてるけど……。やっぱり、けんかになるってことはお互いに……僕も悪かったし。濱家も、悪いとこないのに、僕のせいで『けんかしてるやろって』ってみんなから言われて。なんか申し訳なかって……」

いま芸人として活躍する濱家を、テレビで見るのが楽しみだという。

「有名になってほしいって思ってたから。かなり人気出たなあ。うれしいなーって」

「ほかのお笑いよりも、かまいたちの濱家がやってるお笑いの方が、いちばん僕、気に入っているんで」

久保についても尋ねると、「僕にとってすごい、いい先生。卒業してからもずっと覚えていた」と答えた。

どこが良かったのかと聞くと、「いや、全体的に」。

ええと、例えば……とさらに尋ねると、「明るくて、おもしろくて、いい対応をしてくれた。久保先生が担任としてチームワークをまとめてくれるから、5、6年が一括して明るくまとまっていた」。

30分ほどで面会は終わった。

久保が最後に「次にみんなで集まるとき、絶対来てや」と声をかけると、ヒロシはあいまいにうなずいた。

帰り道の阪急電車の車両の中で、久保は私にこう言った。

「あのときのメンバーはみんな、いまもヒロシ君に会いたいんです。久しぶりだからというだけでなく……みんな大人になって、子どもの頃の気持ちをどんどん忘れてるんやけど、いつまでも子どものような心を持っているヒロシ君に再会したら、自分らが小学生の頃のことが鮮やかによみがえってくるってことも、あるんちゃうかなと思うんですよね」

かまいたちの濱家隆一さん（右）と山内健司さん

濱家隆一（はまいえ・りゅういち）　1983年生まれ、大阪市出身。2004年に山内健司《やまうちけんじ》さんとお笑いコンビ「かまいたち」を結成。17年にキングオブコント優勝、19年にM-1グランプリ2位、21年に上方漫才大賞。

2章 僕の好きな先生1985

――子どもから学んだ新人時代

23歳、教員生活のスタート

自転車のペダルをこいでもこいでも、トンネルの向こう側が見えてこない。

毎日の通勤で通い慣れた200メートルほどの地下道が、いつにもまして薄暗く、長いものに感じられた。

まるでいまの僕自身を象徴しているみたいやないか……。新人の小学校教員だった久保敬はそんなことを思いながら、ジーンズをはいた両足でペダルをこぎ続けた。

5月半ばの朝早くのことだった。

そのたった5分前、「逃げたらあかん」と気持ちを奮い立たせ、自転車にまたがったばかりだったのに。

時は1985年。桑田真澄と清原和博を擁する大阪のPL学園高校野球部が夏の甲子園で優勝し、阪神タイガースが日本一になった。バブル経済の始まりとなった「プラザ合意」が結ばれた年でもあった。

そんな年の春先、当時23歳の久保は大学を卒業し、大阪市内の公立小学校で教員生活をスタートさせていた。

　小学校教員を志す決め手になったのは、高校時代に放送されていたテレビドラマ「熱中時代」だった。水谷豊扮《ふん》する主人公の小学校教員は、時々大きな失敗もするけれど、いつでも子どもの側に立ってくれる人気者。その「熱いハート」に憧れた。

　そんな久保は始業式前からやや浮かれていた。「担任する5年2組はやんちゃぞろいだよ」と先輩から聞かされたときも、むしろ張り合いがあってよいと受け止めたくらいだった。

　しかし、現実は甘くなかった。授業初日の朝から、あいさつをめぐって子どもたちともめた。

新人時代の久保敬さん

「なめられたら終わりだ」

　いつまでもうろうろと教室を歩き回り、着席しないツトム。「起立」

の号令をかけても立ち上がろうとしないタイチロウ……。

「なんでちゃんと立たへんねん。サッと立つのが当たり前やろ」。久保は厳しく注意しながら、内心では動揺していた。

翌朝からも同じことが続いた。やんちゃな男子5人組はやがて、チャイムが鳴っても運動場から教室に戻らなくなり、彼らを追いかけ回すのが毎朝の日課になった。

最初の土曜日が来た（当時はまだ土曜日も午前中だけ授業があった）。久保は34人の子どもたちに、初めての学級通信を配った。

「まだみんなと顔をあわせてから一週間とたちませんが、明るく楽しい君たちが大好きになりました」

初々しい文章が並ぶ中で、文末にはこうあった。

「正しい姿勢ですわろう　人の話は静かに聞こう」

その願いもむなしく、事態は悪化の一途をたどった。久保の焦りは募った。

「この勝負に負けたら終わり。なめられたら終わりだ」

空いていた最前列の机に片足を乗せ、「なめてんのか！」とたんかを切った。

手にした出席簿で教卓を思い切りたたき、怒鳴ったこともあった。

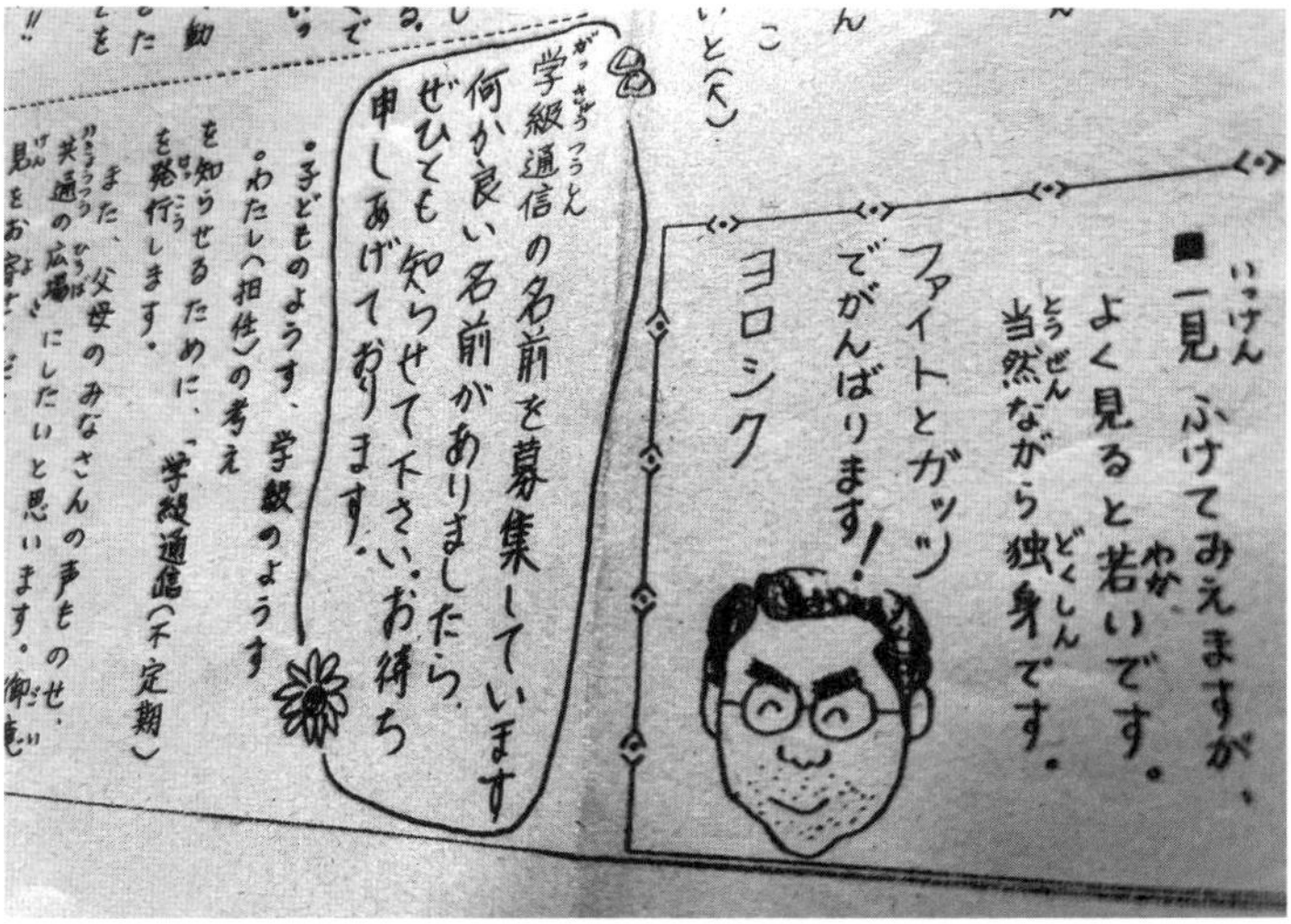

1985年4月13日に発行された5年2組の学級通信第1号。
久保敬さんの自己紹介が載っている

ある朝、遅れて教室に入ってきた男の子がいた。席に着かせようとする久保から逃げ回り、アッカンベーをしてからかった。久保はついに手を出してしまった。

胸ぐらをつかんで「ええかげんにせえよ」とすごむと、シャツのボタンが三つほど飛んだ。

その子はこう言って、久保をにらみつけた。

「こんなことしてただですむと思ってんのか」

それを見た周りの子たちがはやし立てた。

「クビ！　クビ！」

とうとう学校を休む

その夜、先輩教員と一緒に男の子の自宅を訪れた。本当にこのまま辞めなければいけないかもしれない……。そう思いながら玄関先で父親に経緯を説明し、「ほんまにすいませんでした」と深く頭を下げた。

「なにしてくれんねん！」

そう怒鳴られても当然だと身をすくめていると、父親はこう言った。

「わかった。うちの子も悪かったし、これからも先生に任せるわ」

そしてこう付け加えた。

「でもな先生、そういうやり方では子どもらは言うこと聞かへんよ」

帰宅して久保はため息をついた。

子どもたちに対して振り上げた拳をどう下ろしていいかわからなくなり、焦るばかりの自分。「このままではあかん……」

それ以降も朝の教室の雰囲気は変わらなかった。

5月初め、久保は第2号の学級通信を配った。1号で空白だった題字の欄には「いちばん星」とあった。

末尾には、小さくこんな説明書きが。「名まえをぼ集しましたが、およせいただけませんでした」。仕方なく、久保が自ら名付けたのだった。内容にも苦悩がにじんでいた。

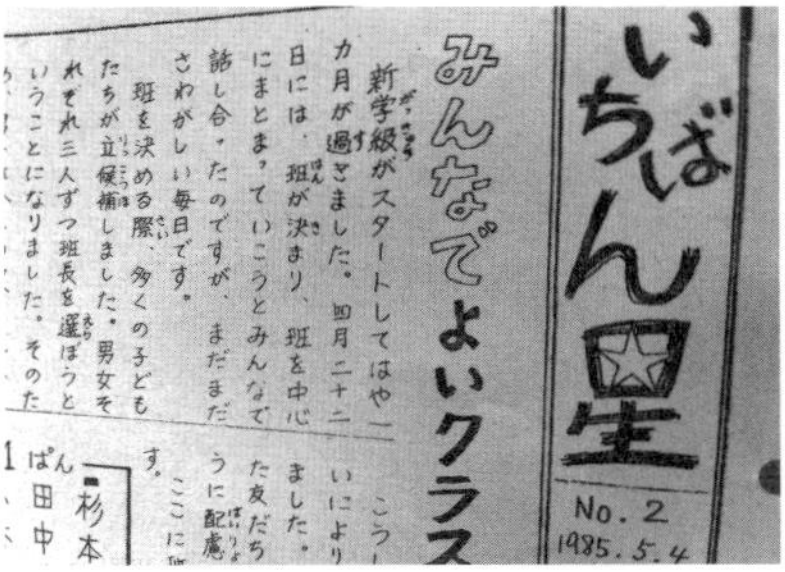

1985年5月4日に発行された、
5年2組の学級通信第2号

「今は、きちんとあいさつすることなどの基本的な学校生活の態度について口やかましく言っています。みんなでクラスのやくそくも決めました。あまりにもやくそく違反をした場合、休み時間に遊びに行ってはいけないことも決まりました」

大型連休が明けると、久保は発熱を繰り返した。そして5月半ば、とうとう学校を休んでしまった。

「20坪の王様」にはなるなよ

学年主任だった9歳年上の吉野《よしの》直子《なおこ》は、久保が子どもたちとの関係に悩み、学校を休んでしまったことを意外に感じていた。

久保が担任をする5年2組の子らが「若い男の先生がやってきた」と喜んでいたのを知っていたし、実際、久保はよくやっているように見えた。

休み時間は毎日、子どもたちとドッジボールをした。20分間の中休みや昼休みだけでなく、授業の合間の10分休みも全て運動場に出ずっぱり。投げるのもかわすのも全力の久保に、2組だけでなく1組の子も、吉野が担任をする3組の子も大喜びだった。

たしかに、担任どうしの会議で久保が「うちの子たちはあいさつができない。しっかりやらせたいんです」と言ったことはあった。

でも、吉野は特に意見はしなかった。「新任がやりたいと言っているんだから、まずはやらせてみよう」との考えで他の先生とも一致していたし、何よりも久保を高く評価していたからだ。

もちろん、小さな教室で若い担任が「王様」のように振る舞って失敗する例は知っていた。『20坪の王様』にだけはなるなよ」という考えはちらりと頭をかすめたが、彼ならまあ大丈夫だろうと楽観していた。

しかし、吉野の一抹《いちまつ》の不安は当たってしまった。

久保があいさつにこだわればこだわるほど、子どもらは反発した。

心身の疲れは限界に達していた。

熱を出してからしばらくは解熱剤を飲んで出勤を続けたが、5月半ばに39度を超えた。その日の放課後、久保は自宅近くの診療所を訪れた。

「迷惑してるんちゃうかな」

「どうしてもあした出勤しないといけないんです。点滴を打って熱を下げてもらえませんか」

応対したのは、久保の母親よりも少し年配に見える女性の医師だった。診療所の椅子に座った彼女は、久保を諭すように言った。

「どんな仕事か知らないけど、無理しないで休みなさいよ」

久保は休めない理由を熱っぽく語った。

自分は小学校教員になって1カ月余りであること。朝のあいさつもままならない教え子たちがいること。このまま放っておくわけにいかないこと——。

「僕が行かなきゃいけないんです」

久保が話し終えるのを待って、彼女はこう語りかけた。

「きょう学校に行って、子どもたちの様子はきのうよりよくなったの？　あしたあなたが行ったからって、何か変わるの？」

「子どもたち、迷惑してるんちゃうかな。やっぱり休みなさい」

この言葉で、久保は体中から一気に力が抜けてしまった。結局、お願いした点滴は打ってもらえないまま、自宅に帰った。

沈んだ気持ちで布団をかぶって横になってからも、女性医師から言われた言葉が耳に残っていた。

「たしかに僕には何の力もない……」

久保は熱でぼーっとした頭で、新人教員として過ごした1カ月余りの時間や、教員になるまでの自分を振り返った。

浅はかだった「子どもたちのヒーロー」

久保は幼い頃から勉強も運動も得意で、先生の期待通りに振る舞うことのできる優等生だった。

父親も母親も幼い頃に両親を亡くして大学進学をあきらめており、久保には一流大学に進むことを期待した。「受験戦争」と言われていた時代。自身も中高時代は「偏差値ばっかり気にしていた」という。

父親は旧制中学卒の税務署職員だった。まじめに勤めていたが、時に大学出の年下の上司に厳しいノルマを課され、酒を飲んで荒れることもあった。

「役所勤めや会社員は無理かな」と感じ始めた高校時代にはまったのが、テレビドラマ「熱中時代」だった。

同時期に人気だった武田鉄矢主演の「3年B組金八先生」も好きだったが、教え子の中学生の厳しい生活背景が生々しく、見ていて苦しくなることがあった。

一方で、水谷豊扮する「熱中時代」の小学校教員は、もっと単純明快な「子どもたちのヒーロー」のように映った。

久保は布団の中でそんな時代を思い出していた。「僕はなんて浅はかだったんだろう」学校を休むことにした。「これで子どもたちに笑われ、馬鹿にされたら辞めるしかない」とまで思い詰めた。しかし、少し経つと「もう一度やり直させてほしい」という気持ちも湧いてくる。

休んだ2日間、両方の考えが頭をぐるぐると回り、3日目の朝に決意した。

「休んだまま辞めました、ではかっこ悪すぎる。せめて子どもたちに、ごめんと言わなあかん」

ごめんな、僕は変わるから

重たい気持ちで自転車をこぎ、3日ぶりに小学校の正門をくぐった。

久保は体がこわばるほどの緊張を感じながら、5年2組の教室の入り口に立ち、引き戸を開けた。

「なにしに来てん」

「帰れ！」

子どもたちからこんな言葉が飛んでくるのではと身構えていた。

しかし、入り口近くに座る男の子と目が合うと、彼はこう言った。

「先生、熱下がったんか。よかったな」

4月、シャツの胸ぐらをつかんだ久保を、にらみつけた子だった。

小学校教員になって２年目の久保敬さん

予想もしないその言葉に久保は驚いた。周りで見ていた別の子も「大丈夫か、無理しなや」と言った。

ありがとう……。

心の中でそうつぶやいた後、久保は子どもたちにまず、「ごめんな」と頭を下げた。

それまで威圧的な態度を取ったことを謝り、休んでいる間に考えたことを正直に話した。

朝のあいさつにこだわったのは、いま思えば本心からそれを大事にしていたからではなかったということ。

みんなとうまく仲良くできないことに焦って、「担任の僕は君らのボスや。言われたことに従うのが当然や」と思わせたかっただけだということ。

ちゃんとあいさつしてくれた子たちもいたはずなのに、自分はそこにも目が向いていなかったこと――。

そして久保は言った。

「僕は変わるから、もう1回みんなの担任としてやらせてもらってもいいかな」

教室の子どもたちは黙って聞いていた。

このとき初めて、久保は5年2組の一人ひとりの表情を、しっかりと見たように感じた。

次の日から久保は笑顔で「おはよう」と声をかけ、整ったあいさつへのこだわりは捨てた。毎日の朝の会では子どもたちの話をたくさん聞くよう努めた。

すると、子どもたちはみんなそれぞれに話したいことを持っていると気づいた。

昨日のテレビの話、きょうだいげんかの話、友だちと遊んでいて見つけたおもしろいことも聞かせてくれた。

アフリカ問題、記事の切り抜き

ある朝、クラスの一人がアフリカの飢餓問題を取り上げた新聞記事を切り抜いて持ってきた。胸や腕が痩せこけ、ギョロリとした大きな目をした子どもの写真が載っていた。

当時はアフリカの飢餓と貧困に世界の注目が集まっていた。この1985年はアーティストにも支援の輪が広がり、マイケル・ジャクソンとライオネル・リッチーが共同で作詞作曲したチャリティー曲「We Are The World」が大ヒットしていた。

レコードを持っていた久保はその夜カセットテープに曲を録音し、翌日には教室のラジカセでみんなに聴かせた。知っている限りのアフリカの話をした。

やがて子どもたちも次々と切り抜きを持ってくるようになり、1カ月後には教室後方の掲示スペースがアフリカの記事で埋まった。

「これはものすごい大変なことや」「他のクラスにも知らせなあかん」。口々に語る子どもたちを見て、久保は驚いた。

当時、この小学校は「同和教育推進校」とされ、校区には被差別部落があった。部落に住む子もそうでない子も1年生から「解放教育[注1]（同和教育）」と呼ばれた人権教育を受け、差別や貧困、平和問題を学んできたことは知っていた。クラスで問題が起きれば学級会などで話し合いを繰り返してきたことも先輩から聞いていた。

しかし、これが「朝のあいさつもろくにできない」と自分が決めつけていた同じ子どもたちの姿なのか。5月も半ばだというのに、自分は子どもたちの何を見ていたのか——。

〈注1　解放教育〉被差別部落への差別のない社会をめざす教育で、主に西日本での呼称。部落解放教育と呼ばれることもあり、行政用語では同和教育とされている。1969年、部落の環境改善と差別解消をめざす同和対策事業特別措置法の制定を受け、国は教員の追加配置や同和教育研究指定校などの事業を実施。子どもたちの学力向上や、差別・人権問題の学習を推進した。大阪府では校区に部落のある学校を「同和教育推進校」と呼ぶ慣例もあった。大阪大学の高田《たかだ》一宏《かずひろ》教授（教育社会学）によると、2002年に同和対策事業が終結したあとも、これらの学校の多くでは在日外国人や性的少数者の問題も含めた幅広い人権教育が続いている。

「おまえの中身はなんやねん？」

最も時間をかけて付き合ってきたはずの男の子からも、それを痛感させられたという。

ケンジのことだ。

学習に課題があり、久保は4月から毎日、昼休みや放課後に1対1で勉強をみていた。態度は素直で、「わかった」と笑顔を見せてくれることも。信頼関係を結べていると思っていた。

ところが、5月初めの朝礼の時間。椅子を後ろに向けておしゃべりをしていたケンジが、前を向くように言っても聞こうとしない。

久保が椅子ごと持ち上げて前を向かせると、またくるりと後ろを向く。再び前を向かせようとすると、ケンジは立ち上がり、久保の胸に頭突きをして叫んだ。

「おまえに俺の気持ちなんかわからへん！」

久保は頭が真っ白になった。「なんでや。あれだけ面倒見たってるのに」

しかし、久保が休み明けにクラスに謝ってから、ケンジは徐々に自分のことを語り始めた。家を出ていった父親が恋しいと思っていることや、働きづめの母親を心配していることも口にした。

久保はそんな生活背景に気づくことができなかった自分が、恥ずかしくなった。

「面倒見たってる」「あいさつを教えたる」――。ケンジだけではない。子どもたちは自分のそんな「上から目線」を見抜き、抵抗していたのではないか。

「おまえの中身はなんやねん？」と。

「トシくんはモノと違うねん」

5年2組にはトシくんという知的障害のある男の子がいた。彼をめぐって開かれた1985年9月の学級会のことを、久保は忘れることができない。

この小学校では、障害のある子も原則として一般学級で学ぶ「原学級保障」という

トシくんのことを知ってもらおうと、子どもたちが６年生のときに廊下に掲示した「とし君４こまマンガ」

考え方をとっていた。トシくんも担当教員のサポートを受けながら、みんなと一緒に学んでいた。

言葉で思いを伝えることがほとんどできなかったトシくん。朝は近所の子と集団登校していたが、下校時は毎日の「終わりの会」でトシくんと一緒に帰る子を募っていた。

ところが1学期も終盤になると、一緒に帰るメンバーが3人の女子に固定されてしまった。それを問題視した久保が開いたのが、その学級会だった。

タケルが「トシくんとまだ一度も帰ったことのない人がたくさんいる。当番制でトシくんを送ろう」と提案すると、女の子の一人が「私、習い事があるから無理や」と反対した。

するとと、今度はその子に非難が集まった。

「トシくんのこと考えてへんのちゃうか」

「毎日都合が悪いなんてことはないやろ」

やがて、当番制で話がまとまりかけた。久保も内心で、その方が負担が公平でよいだろうと思っていた。

そのときだった。

毎日トシくんと一緒に帰っていたヤマシタさんという女の子がまっすぐ手を挙げた。4年生の途中で転校してきた、とてもおとなしい子だ。

彼女はこう言った。

「トシくんはモノと違うねんから、そんな話し合いはせんとってほしい。いままでどおり、一緒に帰りたい人が終わりの会で手を挙げればいいと思う」

クラス全体が静まりかえった。

上から目線の「優しさ」

トシくんは道ばたのゴミを拾って歩くほどのきれい好きだというのは知られていた。ヤマシタさんによると、あるとき、よその家の玄関の靴が乱れているのに気づくと、中に入って、きれいに並べたという。

小学6年生のときのトシくん（右）。
左は同級生のタイチロウさん

「そういうのが楽しい」と話すヤマシタさんを見て、久保は自分が恥ずかしくなった。

小学校は「弱い立場にいる子が安心できる学級が、どの子にとっても安心できる学級だ」という教育方針で、久保もそのつもりだった。しかし、自分が子どもたちに求めていたのは、トシくんに対して上から目線の「優しさ」だったのではないか……。

やがて、終わりの会で手を挙げてトシくんを自宅に送っていくのは、女子3人だけではなくなった。

ちょうどこの頃、クラスでは絵本『はせがわくんきらいや』（長谷川集平）を読む授業をした。「森永ヒ素ミルク中毒事件」（1955年）の被害者で、乳児のときにヒ素の混入したミルクを飲み障害を負った「はせがわくん」をめぐる物語だ。同級生の主人公「ぼく」が、どのようにはせがわくんと付き合えばよいか悩みながら、毎日を過ごす様子が描かれている。

久保はクラスの感想文を文集にした。

春先に久保を悩ませたやんちゃ坊主の一人、タイチロウは《この本の中にもぼくらのクラスのことがはいっていると思う（略）とし君といっしょにかえるときほとんどの子がなんにもないのにかえれへん》と書いた。

久保が春先から1対1で勉強を見ていたケンジの感想文はこんな内容だった。

《ぼくわはせがわくんがすきです。どくをのまなかったらぼくとおなじ人間になってたのにかわいそうやな（略）ぼくもおもった。ぼくがはせがわくんみたいやったらな

かされていた》

ケンジの日記を読み合って

このケンジがある日、「おかあさん」という題で日記を書いてきた。子どもたちは1学期の途中から、「心のノート」と久保が名付けた日記に取り組み、書けるたびに久保に提出していた。

《おかあさんは、しごとからかえってくるとまず、ふろえいってからごはんをたべそのときもしんどい》

ケンジは幼い頃に父親が家を出ていったため、母親と弟との3人暮らし。母親は食堂で働いて一家を支えていた。

《せんたくもしなあかんしゆっくりできるのわねることだけ。あさおきたらさっそくしごとのようじにかかる。やすむひまなんてない。やすむ日は日よう日だけでも日よう日もしんどい》

ケンジは「を」「は」「へ」の助詞をうまく使えないが、毎日のように何かを日記に書いてきた。

《おかあさんが一ばんすきなのわおさけ。ようともだちとさけのんできよんねん。まい日のんでんねん。つかれるわ》

クラス全員で繰り返し読んだ。ある子は「お母さんへの優しい気持ちが伝わってくる」と感想を言った。久保は「ほんまにええ作文や」と何度もほめた。

日記を文集にとじ、クラスで読み合う久保の日記指導は、大学時代の教育実習がきっかけだ。実習を受けた枚方市の母校では担任が作文教育に熱心で、一人の作文をみんなで読み合っていた。

久保は、ケンジの作文を読み合った後、クラスの雰囲気が以前より温かくなったと感じた。

「これまで知らなかったケンジの生活の一面を知り、みんなの気持ちに変化が生まれたのかもしれない」。そう受け止めた。

「謝れ！」。久保の涙

知的障害のあるトシくんをめぐる学級会や、担任の久保による日記指導によって、5年2組の子どもたちは少しずつ、友だちの立場や気持ちを想像しようと心がけるようになっていった。

しかし、久保がめざす「仲間づくり」は右肩上がりで順調に進んでいくようなものではなかった。

3学期のある日。午前中の算数の授業で久保がケンジに尋ねた。「分度器の中心の角度は何度や?」。前日の昼休み、一緒に勉強したばかりだった。

「90度」。ケンジが答えると、みんなが笑った。

つられるようにしてケンジも笑い、「あ、360度やったわ」と言い直した。

また笑いが起きたところで、ツトムが「こんなもんもわからんのか」と言った。

黒板の前に立つ久保敬さんと子どもたち

ケンジの笑顔は次第にゆがみ、目から大粒の涙がこぼれ落ちた。

ツトムは明るくて場を盛り上げる半面で、自分の思い通りにならないと腕力に頼ることもある子どもだった。そんな彼に文句を言える子は少なかった。

ツトムは「何が悪いのか」といった表情をして座っている。周りの子どもたちは黙って下を向いている。

久保はケンジと幼なじみのタケルの方を向いたが、図書室で借りた本を読みふける様子を見て、がっかりした。

我関せずというようなタケルの態度が歯がゆく、馬鹿にされたケンジの気持ちを考えると、悔しくて涙が出てきた。

「ツトム、タケル、謝れ！」

こう叫び、ケンジに言った。「ごめんな。一生懸命がんばってるのに、先生の教え方があかんねや」

ケンジはこう返した。「先生ごめんな。僕が変なことを言ったから、先生まで泣かしてもうて」

久保は「5年2組みんなで話し合っていかなければならない問題だ」とクラス全体

に語りかけた。
その翌日、カオリという女の子は日記にこう書いてきた。
《みんなおこられている時、だれも口をつむっていて時計の音が聞こえるくらいだった。先生が意見だれでも言ってほしいと言った時、わたしはだれか手をあげるのを待っていた》
《考えてみると、あれはおこられてだまっていたんじゃなくて、みんなやわたしが、ケンジ君がそんなぐらいもわからへんのか！という気持ちだったからだ》
《わたしたちもゆるされへんことをしている》
一方、知らん顔で読書していたことで久保から叱られたタケル。当日の昼休みに久保に呼ばれたときには何も語らなかったが、こんな風に書いてきた。
《ぼくは本をよんでいてわるかったと思う。それに昼休みに久保先生と話をして「子ども会もいっしょやのに本なんか読んどって悲しかったわ」と言われたとき、はずかしかった》

小学５年生のタケルさん

《これからはなかまのことをもうちょっとよく考えていきたいと思う》

タケルへの特別な「期待」

直接ケンジを馬鹿にしたわけでもないタケルを久保が責めたのは、単に幼なじみだからというだけではなく、彼に特別な「期待」をかけていたからだった。

当時、久保の勤めたこの小学校は「同和教育推進校」の一つで、校区内の被差別部落や様々な人権課題について、全員が1年生から学んでいた。「解放教育」と呼ばれたこの取り組みで重要な役割を担ったのが、部落に住む子どもが属する「子ども会」[注2]だった。

〈注2　解放子ども会〉部落問題の解決をめざす「部落解放同盟」の支部や教員のグループなどの支援で、戦後、各地で子ども会の活動が生まれた。被差別部落に住む子どもたちを対象に、放課後、小中学校とも連携しながら、学力向上のための学習会などが開かれた。人権教育のほか、スポーツ活動や文化活動も行われ、低学年児童の学童保育のような役割も果たした。1969年の同和対策事業特別措置法の制定で施設の整備や指導員の配置が進み、70～80年代に活動が活発化。同和対策事業が終結した2002年以降、活動が縮小していった。

子どもたちは放課後に市立の「青少年会館」に集まり、市の指導員らに見守られながら、夕方まで勉強や遊びをし、教員たちも日替わりで加わった。

2人はこの同じ「子ども会」に属する幼なじみで、久保はタケルに、ケンジを支える存在になってほしいと願っていたのだった。

普段はなかなか気持ちを出さないタケルのこの文を読み、久保は思った。「やはりタケルこそ、最もケンジを支えることのできる存在でなくてはならない」

久保はこの出来事を文章で記録に残し、このように書いている。

《友だちが困っていても助けようとしていなかった自分たちの態度を反省し、班の中でみんながわかるように教え合いをしっかりやっていこうと、みんなで確認した。「先生、ケンジもできてるで！」とこどもたちが声をかけてくれると、仲間といえる集団になりつつあるなと思い、うれしかった》

これを読んだ記者の私は、このときのことを当事者である当時の子どもたちに聞いてみようと思った。

タケルが「悔しかった」こと

話の舞台は現代に移る。

2022年末、記者の私は48歳になったタケルに会いに行った。37年近く前、久保が新人時代に担任をしていた5年2組で起きた「事件」について聞くためだ。勉強が苦手だった男の子が授業中に馬鹿にされ涙を流したとき、本を読んで知らん顔をしていたのがタケルだった。

そのことを久保に責められたタケルは翌日の日記に《これからはなかまのことをもうちょっとよく考えていきたいと思う》と書いて、提出していた。

私は大阪市内の喫茶店で、久保が記録に書き残していた日記の文章のコピーを差し出した。

タケルは目を通すと、苦笑いして言った。

「僕はずるかったと思います。『久保先生はきっとこういうことを求めてるんだろうな』

というのを察知して、この日記を書いたんだと思いますよ」

当時、子ども会のタケルたちの学年は集まりが悪かった。多くの子は放課後に公園で野球を楽しんだり、誰かの家に集まってファミコンをしたり。ほかに誰も来ない日も多かったという。

そのためタケルは市の指導員や久保から「おまえが中心になり、子ども会を引っ張っていかなあかん」と期待をかけられた。仲間がもっと来るために努力しなさいと久保から諭されたことも、その日記には書かれていた。

《そのときぼくは泣きそうにくやしかった》

《ぼくはほんとうは●●君も〇〇君も▲▲さんも子ども会に来てほしい》

タケルは言う。

「『悔しかった』は本音。でも、久保先生の思っていただろう悔しさとは違う。先生は僕のことなんにもわかってへんねん、という悔しさだったと思います」

大人たちの言葉の押しつけ

あるとき、同級生のランドセルを手にして「子ども会に行こう」と誘ったことがあった。その子はそのまま逃げてしまい、結局、その夜にタケルが自宅を訪ねてランドセルを届けることになったという。

「『来てほしい』の本音は、『一緒に来てほしい』ではなくて、『僕もみんなと一緒に公園で野球したい』でした」

久保は当時の自分をこう振り返る。「僕も心のどこかでタケルのしんどさはわかっていたはずなのに、『差別に負けてほしくない』という先輩教員や地域の大人たちの言葉をそのまま彼に押しつけていた。彼は『なんで先生は部落の人でもないのにそこまで言うのん?』と思っていたかもしれません」

その後、久保は教員として学んでいく中で、部落差別は差別される当事者の問題ではなく、差別する側の問題、自分を含めた部落の外にいる人たちの問題だと理解を深めていく。「もし新人の時にそれをしっかり自覚できていたら、もっとタケルの立場に寄り添って話を聴こうとしていたと思います」

　タケルは小中高を通じて印象に残る先生はほとんどいないというが、久保は別だという。「いまで言う『アツい』先生。子どもながらに、熱量がすごいなと」。運動場で子どもと一緒にボールを追いかけたり、林間学校でのキャンプファイアで踊ったり。「嫌いではなかった。だからこそ、先生の顔色をうかがい、先生の考える理想の役割を演じてあげたいと思っていたんでしょう」

　タケルはいま、大阪府内の高校で教職に就く。顧問をする部活動の生徒には悩みを打ち明けられることもある。そんなときは「解決してあげることはできないけど、話はいつでも聴くよ」と伝えるのが自分のスタンスだ。「僕自身が、先生からグイグイ来られるのが嫌だったから。あの頃の久保先生は、反面教師かな……」と言って笑った。

「ただ、理想を持って長年やってこられたことは否定しませんし、すごいなと思います」

　5年2組はもめごとと話し合いを繰り返しながら6年生までの2年間を過ごし、子どもたちは少しずつ成長していった。久保自身も失敗と反省を繰り返しながら教員を続けるうち、徐々に変化していった。

「自分の思いを抑えて、まず『子どもがどうしたいか』を優先しようと考えるようになりました」

ただ、久保が本当の意味で自分の至らなさに気づいたのは30歳を過ぎ、2校目の小学校に赴任してからだという。

「『あのときは気づけなかった』と後悔しても、卒業していった2組の子どもたちには、自分が学んだことを返してあげることができない。心の中で謝り続けています」

「私たちの声を届けてくれた」

久保が新人時代に担任をした5年2組には、タケルのほかにも教職についた卒業生がいる。

いま大阪市立中学校で養護教諭をしている杉本《すぎもと》香織《かおり》だ。

37年近く前、勉強の苦手だった男の子が授業中に馬鹿にされ涙した「事件」の後、《先生が意見だれでも言ってほしいと言った時、わたしはだれか手をあげるのを待っていた》と書いた日記を提出した「カオリ」のことだ。

その杉本が久しぶりに久保の名前を聞いたのは、2021年のことだった。

その年の5月、市立木川南小学校で校長をしていた久保は、コロナ禍の教育施策をめぐって当時の松井一郎市長と教育長に、批判的な「提言書」を実名で書き送った。

市は緊急事態宣言を受けて、市立小中学校は「オンライン学習が基本」としつつ、給食の時間は登校させるという変則的な運営方法を取った。

オンライン学習に対応できない学校も多く、突然の決定を受けて教育現場は混乱していた。家庭の事情によって学校で児童を預かる時間も異なるため、久保の学校ではそれまで続けていた集団での登下校もできなくなった。

久保は当時の私の取材に、提言書を出した理由をこう語っていた。

「37年間大阪で教員として育ち、本当に思っていることを黙ったままでいいのかなと。お世話になった先生方や保護者、担任をした子どもを裏切ってしまう感じがしたんです」

翌春に定年退職を控えていた久保。おかしいことはおかしいと言っていい――。子どもたちにそう教えてきた自分を振り返り、自問自答した結果だった。

このニュースは大きく報じられ、杉本の職場でも話題になっていたという。しかし、杉本は当初、提言書を出した小学校長が久保だとは気づかなかった。

1カ月ほどして地元に帰ったとき、道ばたで偶然出くわした幼なじみから「久保先生、すっごいニュース出てるよね？」と言われ、初めて気づいたという。

杉本の勤める中学校には、自宅に通信環境が整っておらず、オンライン学習に対応できない生徒たちもいた。

「『おかしいよ』という私たちの声を届けてくれた。誰にもできんかったことを久保先生はやりはった。勇気あるな、と思いました」

保健室に来るのはなぜなのか

杉本は久保学級にいた小学5、6年の2年間を振り返り、「問題が起こることも多かったけど、頭に浮かんでくるのは楽しい思い出の方ばかりです」と語る。

遠足ではみんなで歌いながら山登りをした。給食の前後にも必ずみんなで歌った。「よーくかめよ、食べものを～。かめばかむほど……」。久保が学生時代にアルバイトをしていたキャンプ場で、子どもたちに歌い継がれていた歌だという。私が取材したほかの同級生たちも、みんな歌詞を覚えていた。

もう一つ印象深いのが、何かトラブルが起こるたびに、クラスで学級会が開かれていたことだ。「ほかのクラスは帰っているのに、私たち2組だけ遅くなって嫌だなあと思うこともありました」と杉本は笑う。

何かの理由で開かれた学級会の後に、久保がクラス全員に1人ずつ手紙を書いてくれたことは、よく覚えている。詳しい文面は忘れてしまったが、自分も気づいていない長所を見つけ、ほめてくれたという。

「よい面を見てくれてるんや、という安心感。じっくり読みました。いま自分が教員だからこそ、みんなに手紙を渡すのがどれだけすごいことだったのかというのがわかります」

杉本自身も、久保と同じように20代の頃はたくさん失敗した。かつての勤務先では、児童養護施設から通う中学生3人が毎日のように保健室を訪れ、いたずらをした。「保健室に入れへん！」と叱ってしまい、自己嫌悪に陥ったこともある。

年齢を重ねたいまは、保健室に生徒が顔を見せるたび、「また来てくれた」と思うようになった。「教室にいかへんかったら勉強が遅れるのに、それでも保健室に来るのはなぜなのか。そう考えるようになった」

自分が通った小中学校では、久保もほかの先生も、子ども一人ひとりと対等な目線で向き合ってくれた。「そのおかげでいまの自分があると思います」

いつかまた、校区に児童養護施設のある中学校に勤めたいと願っているという。

30年ぶりの再会

風の冷たい2023年2月上旬の夜、久保と記者の私は、飲食店がまばらに立ち並ぶ幹線道路沿いを歩いていた。向かう先は、大阪市内の立ち飲み屋だった。

私は久保が新人時代に担任をした5年2組のメンバーの取材を進めていた。その中で、久保を悩ませたやんちゃ坊主のタイチロウが立ち飲み屋を営んでいると知った。当時の久保をてこずらせた5年生の男子たちの、中心人物だ。久保も強く印象に残っているというので、一緒に店を訪ねてみることにした。

赤ちょうちんが目印の店に着き、中をのぞき込むと、20代くらいの男性がカウンタ

「うそや！　まじで？」。約30年ぶりに小学校5、6年で担任だった久保敬さん（左）と再会した瞬間のタイチロウさん

ーで店番をしている。当時の教え子は47〜48歳の計算だから、彼ではないことは明らかだ。

アポなしだから会えなくても仕方ない。少し飲んで名刺を置き、後日連絡が取れれば――。そう考えてのれんをくぐると、前掛け姿の男性が奥から出てきた。

「いらっしゃい」と声をかけてきたその男性に、久保が声をかけた。

「タイチロウくん……。僕、わかる？」

「……え？」

「覚えてへん？」

「覚えてへん」

「小学校5、6年の……担任してた……」

久保がそう言うと、男性は大きく目を見開いて、早口で叫んだ。

「え？　う、うそや！　先生？　うそや！　まじで？　うそや！」

「ほんまほんま」と言って、久保はほほえんだ。

なかなかのワルだった

タイチロウによると、久保との再会は10代の頃以来。おそらく約30年ぶりになる。話をしながら、少しずつ当時を思い出してくれた。

「ドッジボールようやったのは覚えてる。あとはキックベースな。結構いつも本気やったもんな、先生」

久保は、当時の「学級通信」をとじたファイルを持ってきた。タイチロウの書いた詩が載っていた。

《くぼちゃんのまゆげは、ふとい　けんしろうみたいや　ときどきけんしろうのまねをする　あちぁ　ていうてざんかいけんをする　なにかんがえてんねんやろう　なあ

たれめのせんせい》

「けんしろう」は週刊少年ジャンプで連載されていた漫画『北斗の拳』の主人公のことだろう。休み時間に子どもたちと遊ぶ久保の姿が目に浮かぶ。

タイチロウの両親は八百屋をしていた。父親は朝5時から市場で仕入れをし、夜9時の閉店後もまだ働いていた。そのため、タイチロウは祖父母宅に預けられることも多かった。「同級生も商売人の子ばっかり。周りは半分くらい片親の家庭だったんちゃうかな」

タイチロウはなかなかのワルだった。小学校6年生の頃、仲間と近所の街灯を片っ端からエアガンで撃ち抜き、テレビのニュースに。中学校では先生の机からバイクのカギを盗み、乗り回してタクシーとぶつかった。高校でも停学をたくさん食らった。ただ、久保によると、いつもニコニコしていて自然と周りに友だちが集まっていた。そして、「人を陥れたり、いじめたりは全くしない子でした」。

タイチロウは楽しそうに高校1年生のときの思い出を語った。「英語の先生が便所で悪い生徒にいじめられとって、俺、その先生助けたってん。そしたら『おまえの試験は俺に任しとけ』って言って、そっからずっと３年間、バツをたくさんマルにしてくれた」

高校を出た後は青果市場で働き、ホストをしたり、中古車を売ったり。10年前にいまの店を開いた。

小学校で受けた「解放教育」についても振り返ってくれた。校区内にもあった被差別部落への差別、国籍や障害に関する差別について子どもらは学び、仲間づくりを学んでいった。

放課後は「子ども会」の活動で勉強やスポーツをし、夏場は地元の大人が虫取りに連れて行ってくれた。「近所のおっちゃんがよその子を怒ってくれたりね。町ぐるみで子どもを見てくれていたから。ああいう地域で育ってよかった」

小学6年の広島への修学旅行の際、被爆体験を語ってくれた人への謝礼金は、あえて校費を使わず、みんなで廃品回収をして集めた。中学生の頃には、地域の大人たちと差別反対の運動資金のため街頭募金をしたこともある。「あんなんやっとったから、俺、大人になっても寄付とか平気でできるもん」

中古車販売業をしていた20代後半には、主催したカーイベントの収益の一部を、阪神大震災の被災地に寄付したそうだ。

タイチロウが書いた「人間のかち」

学級通信をめくっていた店員の西村柚汰《にしむらゆうた》が、タイチロウの日記の文章を見つけた。

「これ、めっちゃいい！　いまと言ってること、一緒っすね」

5年生の2学期、久保が出した「人間のねうちとは何だろう」というお題を受けて書いたものだ。

《みんなは、あたまがいいとかわるいとかで人間のかちをきめている。人間のかちやねうちはあたまのよさとかでは、なく、自分のいきるねうちを知ってどんなからだでもいきるのぞみをすてない人やほかの人にもやさしくしてあげる人が人間のすばらしいかちをもっていると思う。》

22歳の西村は鳥取県出身。大阪の専門学校を中退してこの店で働き始めた頃、タイチロウからいつもこう言われた。「人は絶対に見た目で判断したらあかん。ベロベロに酔ったじいちゃんが入ってきても、1杯は必ず入れたって。なんか理由があって、そうなってるわけやから」

最初は「口だけやろ」と思った西村はその後、間違いだと気づいた。タイチロウは、店に来た友人らと深夜まで飲んでいても、客が来れば必ず迎え入れた。

楽しい夜は続いた。途中でタイチロウが席を外したとき、久保は焼酎のグラスを片手に言った。

「こうやって分け隔てなく人を見る大人に育ったんやなあ、タイチロウくん……」

《たれめのせんせい》のニコニコ顔がそこにあった。

3章 久保校長の提言書

繰り返しになるが、私が現職の小学校長だった久保敬と初めて顔を合わせたのは、2021年5月18日のことだった。

この日は久保が当時の松井一郎大阪市長らに市の教育施策を批判する「提言書」を出した翌日で、それについて聞くための取材の場だった。この出会いが後になって、1、2章で書いた久保と教え子たちの物語「僕の好きな先生」につながっていった。

本章では、コロナ禍の大阪で起きていた出来事を駆け足で振り返ることから始めようと思う。

コロナ禍、唐突に「自宅でオンライン学習」

私は2021年4月1日、社内の人事異動で5年ぶりに大阪勤務を始めたばかりだった。大阪社会部の教育担当のまとめ役である「教育キャップ」になり、主として大阪市教育委員会を担当することになった。

まとめ役と言っても、その時点での教育担当は、その月に41歳になる私と、優秀な若手記者の2人だけ。大阪市の教育行政で動きがあったときに記事を書いていれば、あとは自分の好きな取材に多くの時間を割けると思っていた。

ところが、その見通しは外れてしまった。

4月に入って新型コロナウイルスの感染が急拡大し、5日には大阪、兵庫、宮城で緊急事態宣言の一歩手前の「まん延防止等重点措置」が適用された。

事態が大きく動いたのは、4月19日の朝だった。

松井市長が各メディアの前で唐突に、国が3度目の緊急事態宣言を出した場合、「授業はオンラインで実施する」と発言したのだった。

「基本は自宅でオンライン学習」――。

全国的に見ても、小中学校の現場としてはほぼ経験のない事態だ。この日を境に、市立小中学校を管轄する大阪市教育委員会の事務局が急に慌ただしくなった。

国は4月25日に緊急事態宣言を出し、翌26日から各家庭と学校をつなぐオンライン学習が始まった。ほかの都道府県だけでなく、大阪府内の他の自治体も通常の対面授業を続ける中、大阪市だけが突出した対応をとった。


学校現場も家庭も大きく混乱した。

手探りでオンライン学習を始めようにも、教員も子どももパソコンやタブレット端末の扱いに慣れていない。「子ども1人1台」の端末が全校に配備され終わったのは、その少し前の3月末だったからだ。

「自宅でオンライン学習」を基本としながらも、給食を食べるための「登校時間」を設ける変則的な運用も混乱に輪をかけた。自宅学習の時間帯も、仕事などで保護者が出かけている家庭の子どもは希望に応じて学校で預かるため、登下校の時刻はバラバラになった。教員は休み時間ごとに点呼を取らねばならなくなり、オンライン学習への対応を含めて、業務が激増した。

ところが、感染状況が落ち着いてくると今度は5月17日、再び松井市長の口から「通常授業に戻す」と発表されたのだった。

フェイスブックを開いたら

そして、この日は久保が「提言書」を出した日と偶然、重なった。

2021年5月17日午前6時半ごろ、久保は自宅の最寄り駅近くの郵便ポストに、「大阪市教育行政への提言」と題した手紙を入れた封筒を2通、投函した。

松井市長と山本晋次教育長に宛てたもので、コロナ禍でのオンライン学習を始めとする大阪市の教育施策を批判する内容だった。

前日の夕方に久保は「誰かに、『たしかに手紙を出した』という証人になってほしい」と考えて、親しい教員仲間の先輩3人にその内容をメールで送っていた。そのうちの1人から「感動した。知り合いに読ませてもよいか」と言われて許可すると、人づてにこれを読んだ元教員が17日、久保に断った上でSNSに投稿した。

すると、「提言書」はあっという間にネット上に広まった。

しかし、私はすぐには気づかなかった。

この日は、先ほどふれた松井市長の「通常授業再開」の発表と、ちょうど同じ日だった。私は他のメディアの記者たちと一緒に大阪市役所で松井市長を囲み、取材した結果を急いで記事にしなければならなかった。

通常授業再開の理由は、新型コロナに感染した子どもの重症化例がなく、子どもの感染者数も減っていることだという。

私は「自宅オンライン学習が基本」の決断は本当に正しかったか、と質問した。

これに対して松井市長は「ちょっと大げさでやりすぎてるかもしれないけど」と話し始め、「学校現場での接触の機会を減らそうという決断をしたということです。正しいか正しくないかっていうのは、そりゃもうわかりません。それはもう家庭でご判断いただかないと」と言った。

その夜、記事を書く作業が終わり、机で一息つきながらパソコンでフェイスブックをみると、別々の友人2人が「大阪市教育行政への提言」と題した文書をシェアしているのに気づいた。そういえば、日中にも東京にいる先輩記者から同じ文書を添付したメールが届いており、このときは詳しく読めないまま市役所に出かけていた。

文書の冒頭部分は次の通りだった（全文は章末156ページ）。

大阪市長　松井一郎　様
大阪市教育行政への提言
豊かな学校文化を取り戻し、学び合う学校にするために
子どもたちが豊かな未来を幸せに生きていくために、公教育はどうあるべきか真剣に考える時が来ている。
学校は、グローバル経済を支える人材という「商品」を作り出す工場と化している。そこでは、子どもたちは、テストの点によって選別される「競争」に晒《さら》される。そして、教職員は、子どもの成長にかかわる教育の本質に根ざした働きができず、喜びの

ない何のためかわからないような仕事に追われ、疲弊していく。

（以下略）

3回目の緊急事態宣言発出に伴って、大阪市長が全小中学校でオンライン授業を行うとしたことを発端に、そのお粗末な状況が露呈したわけだが、その結果、学校現場は混乱を極め、何より保護者や児童生徒に大きな負担がかかっている。結局、子どもの安全・安心も学ぶ権利もどちらも保障されない状況をつくり出していることに、胸をかきむしられる思いである。

文末には「大阪市立木川南小学校　校長　久保敬」とあった。

一読し、私はまず「校長さんが実名を出して市長を批判するのはよほどのことだな」と思った。公立小学校長にとって市長は上司にあたる存在だからだ。

突然の「自宅オンライン学習」で現場は混乱を極めた、というくだりも、うなずきながら読んだ。まさに私たちが取材し、報じ続けてきた通りの内容だったからだ。

ただ、全体的には断定調の書きぶりが気になった。内容にはほぼ共感はできたものの、やや観念的で具体性に欠けるという印象も受けた。

そして、郵送したこの日がまさに、小中学校での通常授業再開が発表された日と重なったことも、タイミングとして少し間が悪いようにも思った。

正直に言って、この時点ではまだ、「絶対にいますぐ大きな記事を書かねばならない」というほど強い気持ちが湧いていたわけではなかった。

久保校長とは、一体どんな人物なのか。

まずは本人に直接会ってみなければ……。記事を書くべきかどうか、書くとしたらどのように書くのかについては、その後で考えればいいことだ。


翌18日の昼前、私は勤務先の木川南小学校に電話をして、アポイントを取った。その少し前に共同通信と毎日放送も電話を入れていたようだった。私と同じように「提言書」を何かでキャッチしたのだろう。

午後7時に小学校で取材ができることになった。

朝日新聞大阪本社から、同じ大阪市内にある小学校まではタクシーで15分ほどの距離だ。後部座席で質問内容を整理して、ノートにメモをし終わると、「久保校長」の人物像をぼんやりと想像した。

提言書の「である」調の文章、そしてやや観念的な内容から、目つきも語気も鋭く、頑固そうな人物像がちらりと頭に浮かんだりもした。


「あ、どうも、久保です～」


日が落ちた後の午後7時に学校を訪れ、通用口のインターホンを押した。

廊下まで出迎えにきてくれた久保の第一印象は、私の想像とはかけ離れたものだった。

「あ、どうも、久保です～」

関西弁特有の、語尾を上げる「です～」に合わせ、ニコリとお辞儀をした。

関西に10年以上住む東京出身の「エセ関西人」である私も思わず、「あ、遅い時間に、すんません。朝日新聞の、宮崎です～」とあいさつを返したと思う。

久保が私を招き入れてくれた校長室の応接机には、新型コロナの感染防止対策のた

大阪市立木川南小学校の校長だったときの久保敬さん。松井一郎市長に「提言」を送った翌日に撮影

めのプラスチック板が立てられていた。

この板ごしに、取材が始まった。

「あの文章はね、あのー、僕自身のために書いたようなものなんですけど……。僕、今年で（定年退職で）終わりなんですけども、はい。37年間大阪で教員として育てていただいて、思ってることを黙ったままでいいのかなって。いままでお世話になった先生方や保護者や担任をさせてもらった子どもたちを裏切ってし

まうような感じがしたんで……」

早口の関西弁でよどみなくしゃべり、時にウーンと考え込んだかと思えば、冗談を言って少し笑わせ、またひたすらしゃべる。話の本筋からそれる「脱線」を繰り返すこともあったが、率直に言って、話をしていて楽しい人だなと思った。

この人の良さそうな先生が一体なぜ、市長にあの文書を送る必要に迫られたのか。

久保の話の内容は、具体的だった。

4月19日にテレビのニュースを見た保護者から学校に電話があって、松井市長の「自宅オンライン学習が基本」の方針を知ったという。

「テレビで僕らが知るということは、どうなんだろうと思います。市長がテレビで言ってしまったらもう、その通りにしかならないですよね。僕たちが思ってることとか現場で危惧していることとかやっぱり全然伝わらへんし、その辺のプロセス的なとこがやっぱり……これは民主主義なのかなって、ちょっと大げさに言うたらね、そんなふうに思うということもあります」

市長個人を非難するつもりは全くない、とも語った。

「僕は市長なんかにもなれませんし、行政を動かしていくなんていうことは、とんでもない大変なことやというのもわかります。だから市長が市長として仕事してはることに対しては敬意を持ってます」

市教委がオンライン学習についての方針を発表して以降も、通常授業を継続する学校もあったという。久保はそこまではしなかったが、市教委から正式に方針の通知が来た23日には保護者に手紙を出し、「通常通りに集団登校をし、オンライン学習の練習もしながら午前に4時間の学習をする。給食後の午後2時ごろ帰宅」という学校独自の方針を伝えた。この決断の理由については、こう語った。

「この学校、大通りを通らなあかんので、集団登校をやってて。高学年の子が低学年をちゃんと面倒見て、朝一緒に登校してくれてて、地域の人の見守り隊も守ってくれてて。登校がバラバラになると見守り隊は守れないし、低学年が一人で来なあかんという状況も生まれてくるんです」

「不審者情報もたくさん入ってくるっていうこともありますし」

市教委の通知が来る前から、久保がホームページで保護者らに訴えていたことだ。

オンライン学習が始まる初日の26日には、保護者アンケートもし、128人の保護者のうち9割が「いつも通りの集団登校」に賛成し、反対は1人だけだった。大阪市の小学校長会にメールで問い合わせをし、大阪市の「市民の声」窓口にも、自分の名前と肩書を書いて3回、メールで窮状を訴えていた。市教委の担当指導主事とも話をしたが、「お気持ちはよくわかりますが」と言われただけだったという。

提言書のカタい文章が肉付けされ、そこに血が通っていくように感じた。

久保校長は決して頭でっかちではない。子どもにとって何が最善かを熟慮し、あらゆる方法で市教委に訴えても声が届かないので、市長に直訴したのだと感じた。

2時間の取材を終え、校長室を出ると、ドアの横の壁には小学生が書いた久保の似顔絵が貼ってあった。

会社に帰るまでの地下鉄御堂筋《みどうすじ》線の中で私は、「これは必ず大きな記事にしよう」と思った。

社内で上司たちと打ち合わせをし、記事を出すのは2日後の5月20日まで待とうということになった。松井市長が次に市役所に来るのはその日だとわかっていた。提言書の受け取り手である彼の言葉を合わせて報じるべきだと考えたからだ。

翌19日、私はじっくりと時間をかけて原稿を準備しながら、久保が提言書を出すことにつながった一連の出来事を思い返していた。

大阪市教委幹部「いま聞きました。なにも調整していない」

先述したように、そのちょうど1カ月前となる4月19日の朝、松井市長が「自宅オンライン学習が基本」の方針を発表した。

これを直接聞いたのは、日頃から松井市長の取材を担っていた市政担当記者だったが、話題の内容が教育がらみだったため、市教委担当の私にメールで教えてくれた。すぐに私が市役所を訪れると、市教委事務局の動きがいつもよりバタバタしていた。午後になってようやく、この問題を担当する幹部と立ち話ができた。

当時の取材メモに残っているその人の言葉はこうだ。

「いま聞きました。なにも調整していない……全部オンラインは無理でしょう。（学校の）回線を考えても、全部オンラインにすることはできるのかどうか。やったことないですし。あと、全教員がオンライン授業のノウハウをもっているかというと、持っていない」

「できない、とは言えないので、考えていかなあかんとは思いますけど」


そもそも教育委員会制度は、政治が教育を支配した戦時中の反省に基づいてできた制度で、教育基本法は「教育の独立」を定めている。しかし、２０１１年に地域政党「大阪維新《いしん》の会」の橋下徹《はしもととおる》と松井一郎がそれぞれ大阪市長、大阪府知事に就任。翌年には政治主導の教育改革をめざし、市と府の教育基本条例を成立させた。教育目標は市長や知事が主導して決めることになり、教育行政への関与が強まっていた——。

そのこと自体は知っていた。

しかし、「いま聞きました」という言葉にはさすがに驚いた。市立小中学校全体に関わる重要な施策を、担当幹部が全く知らなかったということになるからだ。


翌20日には同じ幹部がこう言った。

「松井市長のオンライン授業推進の考えは、思っていたより強い。あした登庁するときに記者たちの囲み取材があると思うんで。その前に我々としても松井市長をつかまえて、話をするつもりです」

担当幹部が市長を「つかまえ」ないと話ができないのか……。

そして22日午後、小中学校のオンライン学習について、市教委が何らかの記者会見をするという連絡が同僚から届いた。1時間も経たずに、この施策の担当課長らが会見を開き、決まったばかりの方針を発表した。

先述した通り、「基本は自宅でオンライン学習」という内容だ。ただし、小学校は3限または4限から給食まで、中学校は給食と5、6限を「登校時間」とする。それ以外の時間も、家庭の要望がある場合はその時間内も学校で子どもを預かる——。

学校と家庭の混乱が容易に予想できた。

私が発表内容を執筆している間に、当時のもう1人の教育担当・加藤《かとう》あず佐《さ》記者が、ある中学校長に電話取材してくれた。その学校では、生徒人数分の端末はあるが、充電器は1学年分だけしかないという。校長は加藤記者に「授業中よりもマスクを外す給食の時間の方が感染リスクが高い。通常授業にして、給食をお弁当にして持ち帰る方が良いのではないか」とも語った。

応援に加わってくれた山根久美子《やまねくみこ》記者は、小学5年生の娘がいる母親を取材。その母親は「1人1台の端末が配備されていたことも知らなかった。練習もなくいきなりできるのか」と戸惑っていた。

こうした内容を記事にまとめ、翌22日の朝刊に大きく載せた。

新聞各紙が報じた学校現場の「混乱」

その後、政府は日曜日の4月25日に緊急事態宣言を発令するのだが、この3日前に大阪市教委は「大阪市立小中学校におけるICTを活用したオンライン学習の実施について」という取材案内を各メディアにメールで送っていた。

週明け26日に、オンライン学習をできる小学校が取材を受け入れる、という案内だった。市教委の立場としては「大阪市では自宅オンライン学習をちゃんとできていま す」とアピールしなければならないから、驚きはない。

しかし、この取材だけで記事を書けば、そういう学校が一般的であるような印象を読者に与えてしまう。戸惑う学校や家庭の様子を合わせて報じなければ、ミスリードになる。加藤記者は取材可能な中学校を探し、山根記者は小学生の子どもが自宅でオンライン学習をするという母親に、取材の約束をとりつけてくれた。

緊急事態宣言が出て最初の平日となる、26日がやってきた。朝から2人はそれぞれの現場へ、私は市教委が案内した学校へ向かった。

すぐに夕刊で、この学校のオンライン学習の様子と合わせて、山根記者が取材した母親の「最初はオンラインと言われていたけど、結局プリント学習のみになりました。勉強になっているのかどうか不安」という声を伝えた。

翌27日朝刊では、中学校の教室にいる先生と、家庭にいる生徒との間でオンライン回線がつながらず、混乱する様子などを記事にした。読売、毎日、産経、日経の各紙も「接続不調　戸惑う児童」「準備できず『プリント3枚』」などと見出しをつけて、同じように現場の混乱を大きく報じた。

結局、26日からの3日間では、入学したての小学1年生は約45%が「登校時間」以外も学校で預かられていたことが、市教委の調査でわかった。

親が仕事などで不在の家庭では、祖父母や年上のきょうだいがいなければ、自宅で過ごさせるわけにはいかないだろう。当然の結果だと感じた。

松井市長の囲み取材

話は再び、久保の「提言書」に戻る。

松井市長が私を含めた記者たちの前で初めてこの提言書について考えを述べたのは、5月20日にあった「囲み取材」の場だった。

囲み取材とは市長が市役所に登庁した日に開かれる定例の取材機会のことで、市長の部屋がある5階の廊下で開かれる。各メディアの市政担当記者たちが立ったまま市長を囲んであれこれと質問し、市長も立ったままこれに答える。

大阪維新の会の初代代表・橋下徹元市長が、府知事だった時代から始めたスタイルだ。橋下は自らテレビカメラの前に立ち、重要施策を次々と発表した。この手法を、吉村洋文《よしむらひろふみ》、松井一郎の後継市長も受け継いでいた。4月19日の「自宅オンライン学習が基本」の方針も、この場で松井市長が自分の口から発表したものだ。


囲み取材は各メディアの市政担当記者が参加するのが恒例だが、話題によっては他の記者が参加することも可能だ。

5月20日朝。3日前に続いて囲み取材に参加することにした私は、各メディアの記者たちと松井市長を待ちながら、ノートに書きなぐった質問事項を何度も確認していた。久保の「提言書」について質問するためだ。聞き漏れがあってはいけない。


1人、また1人と記者がその場に集まり、合計20人ほどになった。何人かベテラン記者がいたものの、20代から30代前半くらいの若い記者が多いようだった。

やがて松井市長が姿を現し、3日前と同じ廊下の壁際に立った。

冒頭、松井市長が新型コロナ関連の施策について3点ほど話し終えると、脇にいた市の広報担当者が「それでは質問をお受けします」と言った。

私を含めた数人が手を挙げ、広報担当者は全体の2番目に私を指した。

「校長だけども、現場分かってないというかね」

私はこう質問を切り出した。

「大阪市立木川南小学校の校長先生が、松井市長宛てにですね、『大阪市教育行政の提言』と題したお手紙を出しています。で、たぶん18日ぐらいに市役所には届いているると思うんですけども。ご覧になられましたでしょうか?」

松井市長は「うん、読んだ。あのー、役所からもらって読んだんじゃなくて、ネットにも出てるから。読みましたよ。まあその校長の考えは一つあるんでしょうけども、僕とは少し考え方が違っているようです。うん」と答えた。

私は続いて、提言書に書かれていた「通信環境の整備等十分に練られることないまま場当たり的な計画」「学校現場は混乱を極め、保護者や児童生徒に大きな負担がかかっている」といった言葉を挙げ、松井市長にこれらについての考えを聞いた。

答えはこうだった。

「まあそういう考えの校長もいるんだな、と思ってます。（略）その校長先生の文章を読んでいても、世の中すべてどこに行っても、いい人ばかりで、もっと競争するよりも、みんなが全ての人を許容して、そういう社会のなかで子どもたちが生きていければ、それは理想です。ただ、校長だけども、現場分かっていないというかね、社会人として外に出てきたことあるんかなと思う。どこの世界でも、今の時代、すごいスピード感で子どもたちは競争する社会の中で生き抜いていかなければならない」

「組織を出るべきやと思います」

松井市長と私のやりとりは合計10往復以上にわたった。メモに起こしたものをそのまま載せると7ページほどになるので、一部だけを抜粋する。

私「（提言書では）教師についても、『人事評価制度』とか『目標管理シート』という単語を出して、教師はやりがいや使命感を奪われると。教師の疲弊や人事評価制度についてては、どんな考えでしょうか」

市長「学校現場は主役は子どもたち。教師が自己満足でやってても仕方がないでしょう。一生懸命やってても、子どもにそれだけの能力が備わらなければどうなるんですか。そこが一番違うと思うね。世の中の人はみんな一生懸命やっている。民間の仕事でも。でも、結果が伴わなかったら、やはり自分のポジションというものを競争社会の中で淘汰《とうた》される。（略）きみも、朝日新聞の記者も、一生懸命やってないの？」

私「一生懸命やってるつもりです」

市長「この中でやっていない人おんの？　みんな一生懸命やっているよね。でも、結果は違うてるよね。それぞれ君ら、抜いた、抜かれた、特ダネとったって言うて、やっぱり競争してるやん。（略）勉強だけじゃないと言われれば、そら、ぼくだってあんまり勉強していないからね。そやけど、一生懸命はみんな生きてきたし」

私「市立小学校の校長先生が実名を出して市長に手紙を出して提言するってそう例が多いことではないと思うんですけども、実際に市役所に呼ばれて事情を聞かれたりもしてるようですが、そういう行為についてはどう思いますか」

市長「これはもう自由ですよ。表現の自由。言いたいことは言えばいいけど、でも考え方は違うと。うん。僕もだから、言いたいことを言っている。(略)民間の会社であろうと、そこには必ず評価のシステムがあります。だからその先生としてね、それは耐えられないというなら、仕事を変えた方がいいと思う」

私「ネットにも内容が出回っていますけど、そこについては?」

市長「いやもう、別にかまわない。(略)大阪市の教育の大きな大方針としては、これも僕が知事時代にそもそも教育基本条例というので、理事者が教育の方向性を定められるという形をつくってきたんだけど」

私「(久保校長が市教委に)呼ばれているということを聞いたので、ペナルティーを科されたりとかあるのかと思ったんですが、この先生がペナルティーとか処分とか、そういうことになる可能性は市長、あるんでしょうか」

市長「僕に人事権がないからね。教育委員会だから。一人ひとりの先生の。だから、僕がその先生を処分するとかは全く考えてはいません」

私「人事権は教育委員会ということですが、市長個人のお考えとしては」

市長「組織として大阪市教育委員会は教育振興（基本）計画というのがあります。（略）ルール、大きな方向性を逸脱するとなれば、これは組織としてもちません。うん。だからそれでルールに従えないと、大きな振興計画の形に従えないというんなら、これは組織を出るべきやと思います」

「提言書」を記事にした

その夜にすぐ、「『学校は混乱極めた』 現職校長、実名で大阪市長を批判」という見出しの記事をデジタル配信すると、それまでに経験のないほどネット上の反響があった。新聞紙面に入りきらないほど長く書いたため、翌21日の朝刊にはやや縮小した記事を載せたが、それでも1本の新聞記事としては異例の大きな記事となった。

久保が出した提言書のニュースは大きな反響を呼んだ。

校長をしている木川南小学校の正門には保護者らが花飾りを五つ飾り、リボンには数十人の保護者が久保への感謝や励ましをつづっていた。全国の教員や元教員、小学

2021年5月21日付の朝日新聞朝刊社会面（大阪本社版）の記事

生を持つ親たちからも、合計100通以上の励ましの手紙が届いたという。

松井市長が報道陣に「決めたことをやらないというなら処分の対象」などと述べたことを受けて、弁護士の団体や元教員らのグループも、久保を処分しないよう求める声明文や署名を市教委に提出した。

市教委は、緊急事態宣言中の家庭と教室をつなぐオンライン学習について、市立の全小中学校にアンケートをし、5月26日に結果を発表した。1回だけでも実施した学校は「実施した」とカウントされる調査だったが、それでもその割合は中3で全体の50％、小6で54％。低学年ほど割合が下がり、小2では28％にとどまった。

この日の囲み取材で松井市長にこれを示すと、「問題はあるにしても、子どもの感染リスクを少しでも抑えるためにはその方法しかないなと判断しました」と言った。

調査結果の数字についての評価はしたくないのか、と聞くと、こう答えた。

「したくないというか、必要ないんじゃないかなあと思います。事実そうだった、じゃあ今度は全部上手につなげられるように、学校の先生もオンラインに慣れて、子どもたちに、さらに学習の内容が詳しく伝わるように変えていくべきだと思います」

久保校長、文書訓告処分に

そしてその年の8月20日、市教委は「大阪市立小学校長への文書訓告について」と題する文書を報道発表し、ホームページでも公表した。

所属　教育委員会（学校園）
階級　校長
職種　小学校校長
年齢　59
措置内容　文書訓告（令和3年8月20日）
事案概要　市長及び教育長にあてた提言において、他校の状況等を斟酌《しんしゃく》することなく、独自の意見に基づき、本市の学校現場全体でお粗末な状況が露呈し、混乱を極め、子どもの安心・安全が保障されない状況を作り出していると断じ、子どもの安心・安全に関する教育委員会の対応に懸念を生じさせた。以上のような記述を含む提言を、知人らに提供したことなどにより拡散させた。

別の取材に出かけていた私は市教委に電話をかけ、「この校長って、久保敬さんのことですか」と聞くと、担当者はあっさりと、その通りだと認めた。

市教委によると、地方公務員法上の懲戒処分（免職、停職、減給、訓戒）ではなく、口頭注意と同じく慣例的な「行政措置」とのことだった。

定年退職を半年後に控えた久保自身は、この文書訓告処分をどう受け止めたのか。久保は最初、「伝えたいことは伝えたし、このままでも、もうええかな……」と思っていたそうだ。9月以降、教育関係者の集まりなどで講演に呼ばれるようになったが、そうした場で話をするときも、「『あの提言書は、久保ちゃんの卒業論文や』と言ってくれた人がいるんですけど……提言書が卒業論文なら、文書訓告は僕にとって合格通知です」と笑いに変えて語っていた。

だが、11月には元教員らのグループが、文書訓告の取り消しの検討を求める陳情書を市教委に提出した。自民党大阪市議だった北野《きたの》妙子《たえこ》も市議会で2回にわたってこの問題を問いただした。約20カ国の教育学者らが参加した、大阪公立大准教授の辻野《つじの》けんま主催のオンラインセミナーでは、ドイツの教育学者から久保に対し、「文書訓告にあなたは全く動じていませんが、若い世代のためにも放置してはならない問題だと感じます」と動画メッセージが届いた。

これらを受けて、久保自身も「やっぱり僕だけの問題じゃない。このままにしたらあかん」と思い直し、2022年1月、市教委に意見書を出し、処分取り消しを求め

大阪市立木川南小学校の卒業式での久保敬さん。最後に「私も皆さんと一緒に卒業します。離ればなれになっても、心はいつも皆さんと一緒です」とあいさつした

大阪市立木川南小学校の卒業式の後、卒業生らと記念撮影する久保敬さん

た。

しかし、回答を得られないまま、その2カ月後に定年退職することになり、3月には久保にとっても教員生活最後となる、6年生の卒業式の日を迎えた。


式の後、体育館を出て廊下を歩く6年生の担任と30人の子どもたち、そして久保を保護者たちは拍手して出迎えた。代表の男性は「あなたは最高の校長先生でした」と言って花束と、フェルトで描かれた久保の顔が表紙の「卒業証書」を手渡した。


内側には6年生全員の言葉が書かれたシールが貼られていた。

「集団登校で朝学校に来た時、元気にあいさつをしてくれてありがとうございました」

「クイズを出してくれたり校長室で話をしたり久保校長先生でないとできない思い出がたくさんできました」

「コロナで大変な時　色々させてくれてありがとうございます」

全員の保護者からも言葉が寄せられていた。

「コロナの中　林間や修学旅行　色々な思い出をたくさんありがとうございました」

「子ども達の良いところをたくさんほめて下さってありがとうございます」

卒業する６年生と保護者たちから贈られた、久保敬さんの「卒業証書」

「いつも子供達の事を一番に考えて下さり感謝しています」
「時には行動を起こす大切さを親子共々教わりました」

松井市長は引退

それから1年余りが経ち、松井市長はかねてからの宣言通り、2023年4月6日の任期満了を持って市長を退任した。同月24日の朝日新聞の大阪市政担当・寺澤知海《てらさわともうみ》記者によるインタビューでは、久保への文書訓告処分についてこう話している。

「我々としては、決まったんだからもうその方向で動かしてくださいよと。だから、それをどうしても覆すっていうんなら、それはそれを覆せる教育基本条例の中で、教育の大きな方針、方向性は教育委員会と、市長、知事が協議をして、知事、市長が定めるってなってるわけですから条例でね。だからそれを変えたいなら、市長や知事というポジションに就くしかないよね。だから、今回その1人の校長先生のいろいろと問題意識、それはわかるけど、そのことをもって、決まったことに対して、外部にその意見を伝えて混乱をさせるっていうのは、これは組織としてはおかしいですよということで」

処分直後に私も松井市長に理由を聞いたが、そのときと同じ考えだった。

そしてもう1人、話を聞かなければいけない人物がいた。松井の言う通り、久保に処分を下した直接の責任者である、当時の山本晋次教育長だ。

当時の教育長は「知っていた」

山本は2022年春に教育長を退任し、いまは市教委顧問として週2回、市役所に出勤しているという。

彼はいま、久保の提言書と、この処分についてどう思っているのか。

それを直接聞くために、2023年4月25日、市役所を訪れた。私が知る山本は、穏やかでまじめな人柄ではあるが、非公式な情報を記者に教えてくれるタイプではなかった。内心では「ほとんど話してくれないだろうな」と思いながら、彼の個室を訪ねると、意外にも当時の経緯や思いを率直に話してくれた。

まず私が尋ねたのは、松井市長が21年4月19日の囲み取材で「自宅オンラインが基本」と発表をする以前から、山本がその話を知っていたかどうかということだ。


山本は知っていた。

ただそれを知ったのは、4月19日当日の朝だったという。

山本によると、松井市長は市役所への出勤前に教育長室の固定電話を鳴らし、山本にそれを告げた。「自宅オンラインが基本」という松井の発言の「基本」は、このときの電話で山本が、そう付け加えるよう進言したのだという。学校現場の状況を考えると、いきなり全校で円滑に実施するのは無理だということを念押しする趣旨だった。それに加えてもう一つ、「給食だけはさせてください」と伝えたという。その前年の全国一斉休校の経験から、給食がないと困る家庭が多いということを、山本は理解していた。

ただ、19日以前にも松井市長から「相談」は受けていたとのことだった。
「数日前、家に帰ってくつろいでいたときに市長から携帯に電話かかってきて」
山本によると、「いったん学校を閉じて、オンラインにしよう」と言う松井に対して、「相当、混乱が起こります。そんなに上手にできませんよ」などと答えたという。その後もやりとりがあり、「うち（大阪市）だけ学校を閉めることになりますよ？」と尋ねたり、「やるなら、学校への周知期間が要ります」などと伝えたりしたという。この通りであれば、極めて真っ当な懸念を伝えていたことになる。

山本は、松井市長と自身の判断について「間違いではなかったんだろうと、いまは思っています」と答えた。「いつまたコロナの波が来るかわからない。いまやっとかないと後で後悔するんじゃないかという危機管理の考え方があった」と答えた。結果的に、小中学校の通信システムの整備が1年前倒しで実現し、その後に感染が不安で登校しない子どもにオンラインでの学習支援ができたという。

間違いではなかったと思っているからこそ当時のことを隠さず話したのだと思う。そのこと自体は感謝している。ただ、私が問題だと考えるのは、そこではない。

発表ギリギリまで市長と教育長の2人しか知らなかった、しかも教育長が知ったのは当日の朝だったという、決め方のプロセスだ。

緊急事態だったとは言え、市長が報道陣に発表する前に、せめて担当の部長や課長にも意見を求めることはできなかったのか。そして山本自らが松井市長に進言した通り、各学校への周知期間を十分にとるべきではなかったのか。

山本は、事前に情報を部下に共有しなかった理由について、「宮崎さん（私）だけじゃなくて、当時、いっぱい聞き回ってる人がいてたんですよ、日々。メディアが。いろんな形で（情報が）漏れるっていうことが頭の中にあった。あとは、事務方への信頼ですよ。言わんでも用意しとるやろ、と」と話した。

文書訓告についても尋ねた。「独自の意見に基づき、本市の学校現場全体でお粗末な状況が露呈し、混乱を極め、子どもの安心・安全が保障されない状況を作り出していると断じ」という、処分の根拠を説明している一節に疑問があるからだ。「独自の意見」と書かれているが、学校現場や保護者たちが混乱し、教育委員会の対応に懸念を持っていたことを新聞各紙はこぞって大きく報じていた。

「本市の学校現場全体で」も疑問だった。久保の提言書には「学校現場は混乱を極め」と書かれているだけで、「大阪市の学校現場全体」という言葉は見つからない。

山本に改めて提言書を見せると、文書訓告の決済を取りに来た部下とのやりとりを語った。「なんでここまでカタい表現に……と思って、『学校を含め地域その他に混乱をもたらしたことは事実であるので、その点に関しては十分に反省して、今後慎重に、安定した学校運営をするように』というのでいいんちゃうのと、感想は言うた気がする。でも決裁した以上、文責は私にあります」

処分を出す前、山本は自ら望んで久保と約2時間面会し、「先生方とのやりとりを大事にされ、いい意味で学校現場を牽引《けんいん》してきたんやろうな。信頼に足る校長やな」という感想を持ったという。それでも結局は、文書訓告の書面に判子を押している。「組織マネジメントをする私の立場から、処分は要る」と判断したとのことだった。

「やっぱり普通に考えてください」

久保が「提言書」と文書訓告処分について、大勢のメディアの前で初めて思いを話した場が、2023年2月21日にあった。

大阪弁護士会に人権侵害救済を申し立て、処分は不当だと訴えたその足で市役所を訪れ、元教員の仲間らと並んで記者会見をした。

濃紺のブレザーを着込んだ久保は、会見場の長机の真ん中に座った。15人ほどの記者たちの質問に、関西弁で次々と答えていった。

「学校で真面目に仕事をしながら感じてることをやはり、言うのは当然の権利で、言っていいんねやと。それを聞いてもらうっていう、それが当たり前のことなんやっていうことを示さないと。やっぱりますます何か、息苦しい教育現場になって……」

提言書について一から質問する記者たちもいた。そのやりとりを聞きながら、私はかつての久保との会話を思い起こした。


「改めて読んでもあれ、全然、久保先生っぽくないですよね。文章が」

「そうですね。だいたい、僕はいつも言葉の最後に『～と思います』とか『ではないでしょうかね』とかつけてしまうタイプなんで。なんか、すごい断定調で書いてるし……。後から読み返して、本当に自分が書いたのかなと思いました」

支援者と共に記者会見する久保敬さん（左から２人目）

会見は続いた。私は1時間ほどが経ったあたりで手を挙げ、一番聞きたかったことを尋ねた。声を上げないことによる「子どもたちへの影響」だ。

久保の答えが、マイクを通して会見場に響いた。

「いや、やっぱり普通に考えてください。クラスの中で、何かについて嫌やって思ってる子がいてて、それを言い出せずに我慢してるとしたら、やっぱりそれは言わなあかんし、その子が言ったらクラスのみんなはやっぱ聞かなあかんと思うんですよね」

「みんなが違う意見やってもそれは勇気持って言おう、絶対みんなで聞くからってね。そういうふうにしてクラスを作ってきたつもりです。んで、それこそがやっぱり、子どもたちが社会を学ぶことやと思うんですけども」

「思ったことを言ったけども、それはもう無視されて、なかったことになる。そんなことを大人が子どもに見せたら、それこそ『この世の中ってそんなもんや』って思わせてしまう。だからやっぱり、声を上げ続ける。上げれば、こうやって仲間になって一緒に言ってくれる人がいてる。そういうことをちゃんと子どもたちに見せないとだめやなっていうふうに、すごい思ってます」

ふだんの久保の語り口だ。

37年間、小学校で子どもたちと向き合ってきた「久保先生」らしい言葉だった。

久保敬さんが「提言書」を出した後、保護者らから届いた手紙や校門に飾られていた花輪

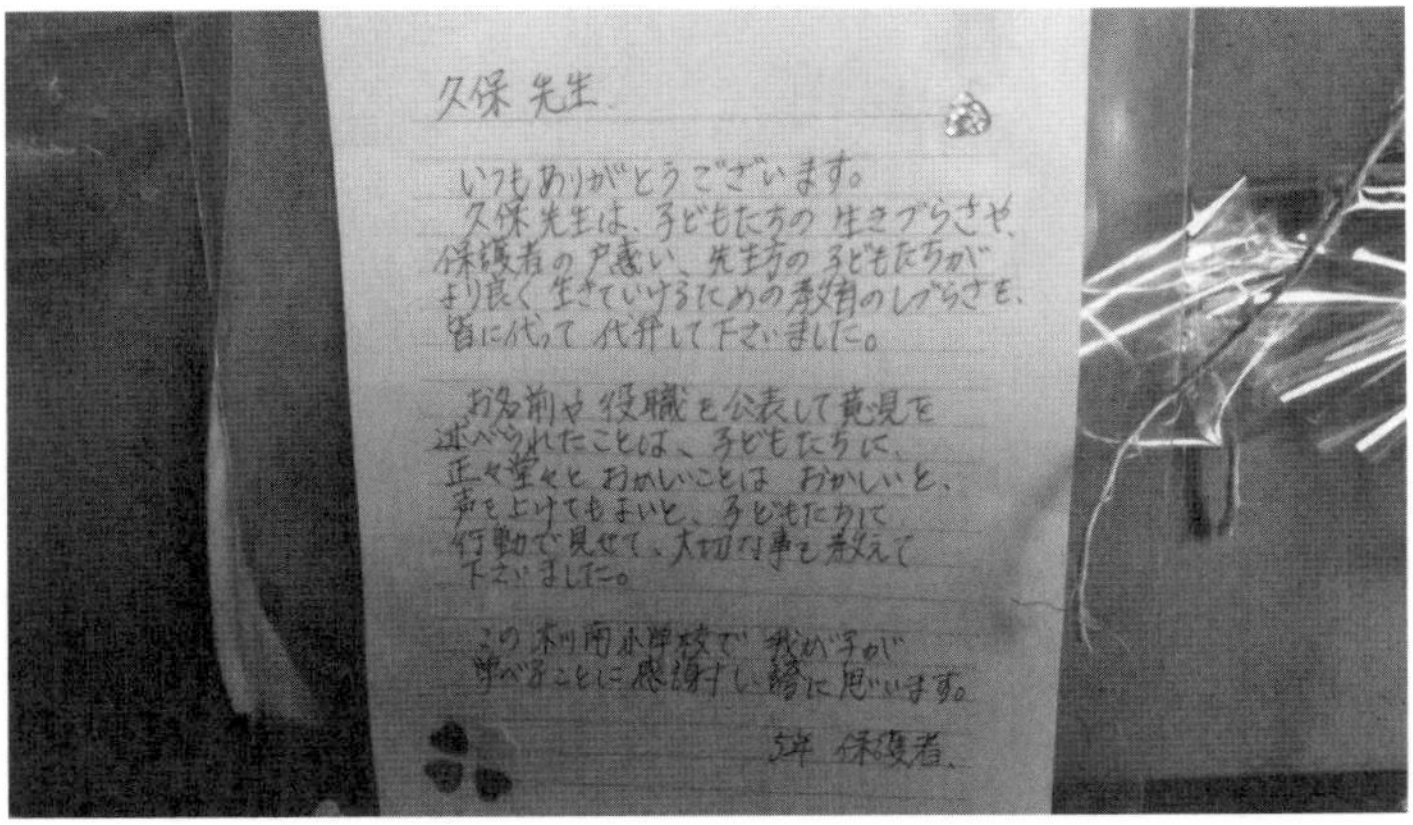

久保敬さんが「提言書」を出した後、保護者から小学校に届いた励ましの手紙

松井一郎大阪市長（当時）への提言書全文

大阪市長　松井一郎　様
大阪市教育行政への提言
豊かな学校文化を取り戻し、学び合う学校にするために

子どもたちが豊かな未来を幸せに生きていくために、公教育はどうあるべきか真剣に考える時が来ている。

学校は、グローバル経済を支える人材という「商品」を作り出す工場と化している。そこでは、子どもたちは、テストの点によって選別される「競争」に晒《さら》される。そして、教職員は、子どもの成長にかかわる教育の本質に根ざした働きができず、喜びのない何のためかわからないような仕事に追われ、疲弊していく。さらには、やりがいや使命感を奪われ、働くことへの意欲さえ失いつつある。

今、価値の転換を図らなければ、教育の世界に未来はないのではないかとの思いが胸をよぎる。持続可能な学校にするために、本当に大切なことだけを行う必要がある。特別な事業は要らない。学校の規模や状況に応じて均等に予算と人を分配すればよい。

特別なことをやめれば、評価のための評価や、効果検証のための報告書やアンケートも必要なくなるはずだ。全国学力・学習状況調査も学力経年調査もその結果を分析した膨大な資料も要らない。それぞれの子どもたちが自ら「学び」に向かうためにどのような支援をすればいいかは、毎日、一緒に学習していればわかる話である。

現在の「運営に関する計画」も、学校協議会も手続き的なことに時間と労力がかかるばかりで、学校教育をよりよくしていくために、大きな効果をもたらすものではない。地域や保護者と共に教育を進めていくもっとよりよい形があるはずだ。目標管理シートによる人事評価制度も、教職員のやる気を喚起し、教育を活性化するものとしては機能していない。

また、コロナ禍により前倒しになったGIGAスクール構想に伴う一人一台端末の配備についても、通信環境の整備等十分に練られることないまま場当たり的な計画で進められており、学校現場では今後の進展に危惧していた。3回目の緊急事態宣言発出に伴って、大阪市長が全小中学校でオンライン授業を行うとしたことを発端に、そのお粗末な状況が露呈したわけだが、その結果、学校現場は混乱を極め、何より保護者や児童生徒に大きな負担がかかっている。結局、子どもの安全・安心も学ぶ権利もどちらも保障されない状況をつくり出していることに、胸をかきむしられる思いである。

つまり、本当に子どもの幸せな成長を願って、子どもの人権を尊重し「最善の利益」を考えた社会ではないことが、コロナ禍になってはっきりと可視化されてきたと言えるのではないだろうか。社会の課題のしわ寄せが、どんどん子どもや学校に襲いかかっている。虐待も不登校もいじめも増えるばかりである。10代の自殺も増えており、コロナ禍の現在、中高生の女子の自殺は急増している。これほどまでに、子どもたちを生き辛《づら》くさせているものは、何であるのか。私たち大人は、そのことに真剣に向き合わなければならない。グローバル化により激変する予測困難な社会を生き抜く力をつけなければならないと言うが、そんな社会自体が間違っているのではないのか。過度な競争を強いて、競争に打ち勝った者だけが「がんばった人間」として評価される、そんな理不尽な社会であっていいのか。誰もが幸せに生きる権利を持っており、社会は自由で公正・公平でなければならないはずだ。

「生き抜く」世の中ではなく、「生き合う」世の中でなくてはならない。そうでなければ、このコロナ禍にも、地球温暖化にも対応することができないにちがいない。世界の人々が連帯して、この地球規模の危機を乗り越えるために必要な力は、学力経年調査の平均点を1点あげることとは無関係である。全市共通目標が、いかに虚《むな》しく、わたしたちの教育への情熱を萎《な》えさせるものか、想像していただきたい。

子どもたちと一緒に学んだり、遊んだりする時間を楽しみたい。子どもたちに直接かかわる仕事がしたいのだ。子どもたちに働きかけた結果は、数値による効果検証などではなく、子どもの反応として、直接肌で感じたいのだ。1点・2点を追い求めるのではなく、子どもたちの5年先、10年先を見据えて、今という時間を共に過ごしたいのだ。テストの点数というエビデンスはそれほど正しいものなのか。

あらゆるものを数値化して評価することで、人と人との信頼や信用をズタズタにし、温かなつながりを奪っただけではないのか。

間違いなく、教職員、学校は疲弊しているし、教育の質は低下している。誰もそんなことを望んではいないはずだ。誰もが一生懸命働き、人の役に立って、幸せな人生を送りたいと願っている。その当たり前の願いを育み、自己実現できるよう支援していくのが学校でなければならない。

「競争」ではなく「協働」の社会でなければ、持続可能な社会にはならない。

コロナ禍の今、本当に子どもたちの安心・安全と学びをどのように保障していくかは、難しい問題である。オンライン学習などICT機器を使った学習も教育の手段としては有効なものであるだろう。しかし、それが子どもの「いのち」（人権）に光が当たっていなければ、結局は子どもたちをさらに追い詰め、苦しめることになるのではないだろうか。今回のオンライン授業に関する現場の混乱は、大人の都合による勝手な判断によるものである。

根本的な教育の在り方、いや政治や社会の在り方を見直し、子どもたちの未来に明るい光を見出したいと切に願うものである。これは、子どもの問題ではなく、まさしく大人の問題であり、政治的権力を持つ立場にある人にはその大きな責任が課せられているのではないだろうか。

令和3（2021）年5月17日
大阪市立木川南小学校
校　長　久保　敬

4章 久保先生に聞く

4章は久保敬さんのインタビューを、一問一答形式でまとめた。

1、2章の内容に続く教員生活のその後や、松井一郎前大阪市長らに送った「提言書」、そしていまの学校教育への思いを聞いた（2023年4月4日のインタビューを中心にまとめ、一部は過去のインタビューの内容も盛り込んだ）。

原点となった「解放教育」

——新人として赴任した大阪市内の小学校は、校区に被差別部落がありました。ここでの「解放教育（同和教育）」が教員としての原点になったそうですね。

僕も教員になる前は部落問題に詳しくなかったんです。大学で「部落問題概論」という必修の授業を受けたときも「知っとかなあかんねんな」というぐらいで。熱心な先輩から「同和教育推進校での実習に行こう」と誘われましたが、それも行きませんでした。自分から積極的に関わろうとはしていませんでしたね。

——そもそも「解放教育」はいつ始まりましたか。

1969年に同和対策事業特別措置法ができ、政府が部落の生活環境の改善をめざしました。学校にも追加で教員が配置されましたが、それ以前からずっと厳しい生活実態はありました。

久保敬さん

「きょうも机にあの子がいない」という言葉がありました。いつも学校を休む子は誰なんかと言ったら、部落の子やったと。雨が降ったら、傘や長靴がなくて来られないとか。長いこと来ない子は父親も母親も日銭を稼ぐために働きに出ている。小さな子どもは当然、お兄ちゃんお姉ちゃんが面倒見なあかんから、学校に来られない。

差別によって貧困の連鎖が続き、そういう生活実態になってることをわかっていない先生の中には、「なんで来《け》えへんねん」とか「親がちゃんとせえへんからや」とか言ってしまう人たちがいた。「給食費をきょうも忘れました」というプラカードを首に下げさせて運動場を走らせたっていう「プラカード事件」という出来事も語り継がれています。

大阪のほかの地域の同和地区でも、同じような歴史があって、これらは資料化、教材化されています。「差別の現実から深く学ぶ」という解放教育の標語みたいなものもありました。

そんな中、一部の先生が子どもたちの生活実態に気づき、部落の中に入っていきました。休みに家を訪ねて聞き取りをしたり、子どもの勉強を見たりと地域をはいずり回った。

そうした実践が「靴減らしの教育」と呼ばれるようになったそうです。

――そういう歴史も、初任校で学んでいったのですね。

そうです。僕が赴任した1985年は状況は変わっていたけど、いろんな機会に過去のことを学びました。最初に本格的に学んだのは、5月か6月にあった1泊2日の宿泊学習。ほかにも周辺の学校の先生たちとの月1回の学習会がありました。宿泊学習は年2回ぐらいあって、若い教師は必ず参加していました。

自分が先輩になったら今度はそこで自分が学んだことを話す役割になるから、何回も復習して、さらにしっかり学びます。ほかの地域の同和教育推進校も、例えば同和地区でフィールドワークをしたりとか、それぞれのやり方で解放教育を伝承していったはずです。

部落のことを知らずにいると、子どもらになにか間違った対応をしてしまうという懸念もあるから、若い先生たちはみんな必要性も感じていたと思いますよ。

——行政用語では「同和教育」ですが、西日本の多くの教育現場では「解放教育」と呼ばれていました。

差別されている人を差別から解放するということじゃない。むしろ差別をする側にいる自分たちを、その差別心から解放するんやと。そういう考えが基本にあります。

新人だった僕は、自分の中の差別心だけでなく、いろんな価値観に縛られてきたなと気づいた。だから個人的に「解放」という言葉が腑《ふ》に落ちたというのもあります。

「当たり前」から解放された

——具体的には。

僕は中高生のころは偏差値に縛られて、常に成績を気にしていました。でも中学校に、成績は良くないけどいろんなことを知っている友だちがいたんです。僕の自転車のギアを5段変速から10段変速に改造してくれ、ハンドルをかっこいいのに取り換えてくれた。そんな彼に魅力を感じつつ、僕は同時に「勉強ができんとこの先どうしようもない」と。いつも気持ちは揺れ動いていて、いま思えば自尊感情の低い子どもだったと思うんです。

教員1年目で朝のあいさつにこだわりすぎて子どもともめたことも、「子どもたちに言うことを聞かせないといけない」という考えにある意味、縛られていたんだと思います。あの失敗から自分の中の「当たり前」から解放され、肩の荷が下りたというか……。もっと多面的に人を見ることを学びました。

——初任校の解放教育で、子どもたちは障害のある人や在日コリアンの人たちへの差別、人権問題、戦争や平和についても学んでいったそうですね。

最初に持ったクラスとは別に、2年間担任をした高学年クラスに在日の女の子が3人いたことがあります。

でも最初は僕自身が、そもそも在日の人たちのことをわかっていませんでした。校内では露骨な差別は少なかったと思いますが、学校の塀に何者かが「チョーセン帰れ！アホ、ボケ」という差別的な落書きをしたこともありました。女の子たちが泣いていた姿は、よく覚えています。

僕も最初は、在日の人らが「差別に負けずに生きてほしい」とか思っていたと思うんです。でも後になってその考えが浅はかだということもわかってきたんです。

教員3年目から、校区の大人が通う識字教室でも講師をしていたんですが、そこには朝鮮籍や韓国籍の在日の方々も通っていました。みなさん、強制連行だけでなくいろんな事情で日本に渡ってきたという話や、朝鮮戦争で祖国が分断されたことで、帰りたくても帰れないという話もしてくれた。
だからこそ日本にいまこうやっていっぱい在日の方が住んでいるんやってことを学んだんです。いろんな差別体験も聞かせてもらいました。

——久保さんも大阪の枚方市出身ですが、そのときは在日の方と接することはなかったんですか。

僕の通ってた学校にも絶対、在日の子はいたんやろうけど、名前も日本名（通名）にしていて、見た目ではわからないんですね。だから自分の周りにはいてないかなってずっと思ってたんですけども、決してそうじゃなかったんやと思いました。

——放課後に週1回の民族学級があり、在日コリアンの講師から言葉や文化、楽器や踊りを学んでいたそうですね。いまはアジアや中南米出身の「ニューカマー」の子どもも増えて、あり方が少しずつ変わりつつありますが、大阪市を始めとして府内各地の公立小中学校で民族学級は続いています。

クラスにいた在日の女の子は最初みんな日本名で過ごしていたんだけど、その中の一人が、悩んだ末に、途中から民族名を名乗ることを決めました。学校では、在日の子の多くは日本名で通っていましたし、当時はいまよりもあからさまな差別があった時代。本人にとって、とても大きな決断でした。

差別というのは、直接的なものだけじゃない。差別されるかもしれないということを恐れて、ルーツと名前を隠して生きてきて、まるで朝鮮人であることを駄目なことであるかのように思わされてきた人がいる。

僕はそれまで、朝鮮については教科書の知識としてしか知らなかったんだと思い知らされました。

こうやって学んでいく中でだんだん、差別を受けてきた当事者である在日の人たちががんばらなきゃいけないんじゃなくて、日本人の側が意識を変えないといけないと気づいた。自分は、差別をする側にいる日本人のうちの一人なんだという、立ち位置が見えていませんでした。

自分も含めた日本人の中にある差別意識に向き合わなあかん、と。

やっぱり、部落問題に関心のなかった大学時代の僕のような「知らんし、関係ない」という態度。それこそが、世の中にあるいろんな差別をゆるしてしまっているのではないかと思うんです。

——久保さんが新人のときに受け持った5年2組に、トシくんという知的障害のある男の子がいましたね。

小学校では障害のある子も一般学級で過ごす「原学級保障」という考え方をとっていました。養護学級というのはなかったです。その代わり「プレイルーム」という部屋はあって、例えば障害のある子が何かでちょっとしんどくなったり、興奮してしまったりした場合は、そこでクールダウンできる。でも、所属する学級はあくまで5年2組、という感じで。

障害のある子の担当をしている先生もいて、トシくんにはつきっきりで見ている先生がおられました。教員の同和加配（同和教育推進校に教員を追加配置すること）もあって先生の数が多かったから、そういうことができたんやと思います。

——原学級保障のシステムはいつから始まりましたか。

昔は障害のある子は義務教育の対象から外れていたんです。就学免除とか就学猶予とか言って、いまの70代とか80代の人は、もう学校は来なくていいですよと言われていた。特に重い障害のある人のなかには、養護学校にも一般の学校にも行っていない人がたくさんいたんです。

そこで、何とか学校に行かせてくれという保護者の願いがあって、1979年に養護学校に通うことが義務化されたんです。

でも、当たり前に地域の一般の学校に入れてほしいと願う親もたくさんいた。そういう障害者やその家族の運動が、被差別部落のある地域の解放教育と接点を持つようになり、「どんな子でも地元の学校に行けるようにしていかなあかん」ということで、一緒に闘おうということになっていきました。

保護者の人たちも「この学校は一般の学級で学ばせてくれるんや」と思って入学させてきていました。もちろん、うちの子はやっぱり養護学校に進ませるっていうご家庭もあったとは思いますが。

同和教育推進校で原学級保障を始めると、校区に被差別部落のない近くの学校も共感して、うちもやっていこうとなったり。あるいは同和教育推進校から転勤で違う学校に移った先生たちが広めていったりと、どんどん周りに広がっていきました。

2000年ごろまでは、やっぱり障害のある子には特別な教育をしてあげないと力が伸びひんという考え方の先生たちもおられましたが、やがて大阪市では原学級保障の学校が広がっていきました。

だから「インクルーシブ教育」（障害のある人もない人も共に学ぶ教育）なんて言葉が使われ始めたとき、「え？　インクルーシブってなに？　ほな、大阪でやってたんがインクルーシブなんか……」みたいに感じました。

やっぱり先生方にこういうのをすんなり受け入れる頭があったっていうのは、大阪に解放教育の伝統があったこととも関係していると思います。

――「共に学び、共に育ち、共に生きる」という標語みたいなものが、大阪の教育にはあります。

最初は基本的に障害児教育の文脈で使われていた言葉だと思います。それが、被差別部落の解放教育でも使われるようになり、その後、「共生教育」「人権教育」という言葉も使われるようになりました。

在日コリアンの子だけでなく、アジアや中南米から来たニューカマーと言われる人たちの子どもも増えました。最近では性的少数者の子どもたちの人権についても考えられるようになりましたよね。

昔は外国籍の子には就学通知が出なかったんですよ。在日コリアンの方は日本語がしゃべれるから、日本人の知り合いから教えてもらって、子どもが学齢期になったら区役所に届けなあかんとわかるけど、ニューカマーの家庭は気づかないまま学齢期に入ってしまうケースもあったかと思います。

——いまも「共に学び、共に育ち、共に生きる」の伝統は続いていますか。

同和対策事業推進法は2002年に切れますけれども、行政のなかでは、人権教育をちゃんとやらなあかんという考えは残った。教育委員会でも、教員あがりで幹部になっていく人のほとんどは同和教育推進校を経験しているっていう時代がありました。事務局採用の人も、同和地区の担当を経験している人が幹部になっていましたね。

僕は2006年に管理職になって市の教育センターに行くんですけど、「人権教育研修」っていう名前の研修がまだありました。僕は指導主事としてその担当になったんです。

でも、いったん小学校の教頭になって、また教育センターに戻ってきた頃にはなくなっていました。いまでは同和教育推進校を経験していたり、その歴史をちゃんと知っている幹部の人たちは減ってきていると思います。

また会えたら、あの子に謝りたい

――さきほどの在日コリアンの子が3人いたクラスで、大きな後悔があるそうですね。

勉強もスポーツもできて、思いやりもある、すばらしい女の子がいました。在日コリアンの友だちの悩みにも寄り添い、障害のある子のことも支えてくれていました。ご両親もいい人で、高校生のお兄ちゃんお姉ちゃんもすごくいい感じの子やった。何不自由ない、恵まれた環境で育ったんやろうなあと思っていました。

でも6年生の途中で、「なんで私があの子らの面倒みなあかんの?」と急に態度が変わったんです。僕は驚いて、「そんな子やと思わんかったわ」と言ってしまった。

その後、卒業前にお母さんが学校に来て、「実は離婚して実家に帰ります」と。血の気がひきました。

たぶんその子はずっと無理して無理して、友だちに寄り添ってくれていた。しんどいというサインを出してたかもしれへんけど、僕は気づかなかった。「そんな子やと思わんかったわ」という言葉を聞いて、僕のことを「この人はもう信用できひん」と思ったでしょう。

僕の中の物差しで、この子はしんどい、しんどくないって決めつけてた。ほかにも手のかからない子はいましたが、僕は「君ら、しんどい子を応援して当然でしょ」という気持ちがあった。みんな、「しんどい子ばっかり手をかけて、私らのことは全然見てないな」とか思ってたんじゃないでしょうか。僕はそうやってその子らに頼りながら、いっぱい傷つけていたんやと思います。

いつ誰がしんどくなるかわからへんし、表には見えてないけどしんどいことを抱えてる子もいる。あるいは僕からしたら「別にそのぐらいのこと」って思うことでも、本人にとったらすごい悩みかもしれへん。そういうことを想像できていなかった。

――その後は。

しんどい子を中心にした学級づくりが大事やという考えは変わっていませんが、前より子どもの顔つきに敏感になりました。

ノートに出席簿をはり、印をつけて、長いこと話をしてない子をチェックするようになりました。子どもの顔色を見ようと思ったら、普段から言葉を交わしていないとだめなんです。

もう「自分には見抜ける力はない」と思いましたし、急に敏感な人間に変われるわけでもないんで、「せめて自分はしゃべりやすい人間にならなあかんな」と意識しましたね。勉強しんどい子とか、何か悪いことをやってしまう子って、家がごちゃごちゃしてて気持ちが荒れていることがありますから、それまで以上に声をかけようとするようになりました。

2校目で濱家君たちの5、6年の担任をしたとき、勉強がしんどくて、周りともめてしまうことのある男の子がいました。彼を支えてくれたのが濱家君でした。でも、担任をする前、4年生だったときの濱家君はかなりやんちゃで、大人を信用していない感じがありました。

僕が1校目のときのように一面的な見方をしていたら、5、6年でもっと彼をひねくれさせてしまったかもしれません。でも周りの子からも色々話を聞いていくと、彼にも優しいところがあるとか良い面が見えてきて、僕もそれを踏まえて彼と接することができた。

――濱家さんを取材したとき、久保さんは学級通信に、一人ひとりの細かな長所を書いてくれたと言っていました。「こんなところ見てくれてるんや」と、みんな喜んでいたと。

クラスのみんなも彼を認めるようになってきたころ、「濱家君はこの子のしんどさをわかるようになってくれるんちゃうか」という気がしたんです。

やがて濱家君は、その男の子が1週間くらいポツンと1人で帰ってたときに「一緒に帰るか」と声をかけたり、野球に誘ってくれたり。僕が何かを言ったわけでもないのにね。

だけど、1校目で傷つけた子たちには、僕が学んだことを返すことができないんです。みんな卒業してしまうので。だから心の中で謝り続けるしかない。

でも、僕が「そんな子だと思わなかったわ」と言ってしまったあの女の子だけは、その域を超えてるというか……。いまでも、もう一度会えるならば謝りたいです。

――2章でも触れましたが、初任校（1校目）では反省するところも多いそうですね。

最初はもうほんまに、大学を出たんだから教員としてやっていけると思っていた世間知らずでした。学生時代までは自分のことしか考えていなかった。いろんな人権問題や社会問題もいつも他人事《ひとごと》で、いまで言う自己責任論みたいな考え方を自分自身、持っていたんじゃないかなと思います。

8年間勤めた最初の学校で子どもたちから学んだことがなければ、どんな教師になっていたか。僕が大阪市の教育について書いた「提言書」と真逆のような教師になっていた可能性だってあります。

生き抜く力を身につけるのが学校やと。そういう自分の考え方をごり押しして、僕のイメージした学校をつくるんや、というような教師になっていたかもしれません。教師1、2年目で担任をしたタケル君なんかには本当に申し訳なかったと思います。「部落差別に負けたらあかん」とか自分の考えを押しつけて、クラスの中で彼をターゲットにして勝手な期待を背負わせてしまいました。

たしかに「差別はいけない」という考え方に反対する人はいないだろうし、一人ひとりの命と人権を大切にしようというのもスジが通っている。

でも、どんなに正しいと思うことでも、強制的に押しつけたらいけなかった。戦前の軍国主義みたいな「押しつけ」に自分が陥っていたと思います。

子どもが「僕はこう思うねんけど」という風に、本音で思っていることを言い出しにくい雰囲気を作っていた。正しいと思う価値観に誘導し、子どもたちの気持ちのゆれや実感を、柔軟に受け止めてあげることがまだまだできていなかった。

——1校目では、みんなで同じ地元の公立中学校、府立高校に行こう、という雰囲気があったと聞きます。私立中学を受験する子は言い出しにくい雰囲気だったとか。

そうです。でも僕が受け持った最初のクラスには、子どもを私立中学に行かせたいと言っていたご家庭が4軒くらいあったんです。僕は、保護者の方と面談するときなんかに「みんなと一緒の公立中学にいきませんか」って勧めていました。

たしかに、部落がある地域だからという理由で地域外の私立に進ませたいというご家庭は、過去にはあったようですし、あからさまに口に出さなくても、内心ではそう思っている保護者は当時もいたと思います。

でも、純粋に勉強をがんばらせたいとか様々な事情で私立を希望する人もいるわけです。

「僕があかんという権利はないいんちゃうかな」と内心で抵抗を感じながらも、それを口に出せなかったんですね。周りの先輩たちに対して「自由じゃないですか?」と言うことができなかった。

教師1年目だったし、「僕が未熟だから、地元の公立中学にいく意義を伝え切れていないいんちゃうか」という気持ちもあった。私立や国立の中学を受験する子がクラスから何人も出たら、僕は先輩たちからだめな教師と思われてしまうんじゃないか、という怖さもあったと思います。

中学受験が近くなった頃に、あるお母さんに「やっぱり地元の中学どうですかね」という話をしたら、「先生、うちが差別をしているっていうんですか! 差別する気があったらとっくに違う地域に引っ越しているでしょう?」と強く抗議されたことがありました。本当に保護者の方にも、そしてお子さんにも、とても嫌な気持ちにさせてしまったと思います。

――6年生の学級通信の最後には、校区外の私立中学に進んだ女の子（以下、Aさん）の作文と、地元の公立中学（以下、B中学校）に進んだ部落に住む男の子の作文が、いずれも掲載されています。

Aさんは「悪いことを自分はしようとしているように思った。でも、このことはちゃんと何時間も考えて決めたことだから悪いことをしていると考えるのはまちがいだと思った」「B中学校以外の学校へ行ってもぜったいに部落の人のことは忘れないで、B中学校に行っている人のことを見さげたりするのは絶対にいけないことなのだということを忘れないでおこうと思った」と書いています。

男の子の作文には「ぼくはAさんのきもちもわかるけどできるだけB中学校にきてほしいとおもった。それにおかあさんは『むかしはぶらくの子といっしょに学校に行くのがいやだからほかの学校に行く子がいた』といっていた」とあります。

両方の作文を学級通信に載せることで、「僕自身、この問題に答えを出すことは無理です」と言って、逃げるような気持ちだったんだと思います。「両論併記」でごまかして終わったということです。

僕自身は枚方市の市立小中学校から地元の府立高校に進みました。当時はなるべく地域の高校に進もうという「地元集中」という考え方があったということもあります。勉強やスポーツができる子もできない子も、裕福な子もそうでない子も、いろんな背景を持っている子もごちゃまぜで学ぶことは、すごく大事やなと。僕も中学生くらいになれば、そういう考えは持っていました。

1校目の雰囲気もあり、そういう考えを僕は子どもたちに押しつけてしまった。そういう学校の雰囲気に反発した子や保護者の方々は、きっと僕が来る前にも後にもいたと思いますし、それは当然だろうと思います。

――2校目では、被差別部落のない地域の学校に勤めました。

そこでは逆に、賢いやつは私立とか国立の中学に進んで当たり前だという考えが、普通でした。周りの家庭もほぼそうやから、それが正しいみたいなことになってるんちゃうかと。

でも僕は「いや、そうじゃないことだってあるやん」って思いました。部落差別を始めいろんな差別があって、人が分断されたり分けられたりしてきたという歴史がある。

理想かもしれへんけども、どんな事情があっても、人を選別したり分類したりしないというのは大事なんちゃうか、それが差別をなくしていくことちゃうんかという考えは一貫して持っていました。人間として僕はやっぱり、究極的にはそうなっていかないとあかんと思っています。

そういうことを他の学校は考えようともしてない感じがして、問題やなと思ったんですよね。

そんな価値観の人が多い世の中だったなら、1校目で私立に行かせる家庭だって、進路を考えるときにそんなに悩まんでよかったんちゃうかなと思いますし、学校もそこまで公立を勧めなくてもすんだんじゃないかと。

そういうことを考えようとしている学校は少ない感じがして、問題やなと思ってました。

部落のある学校がそこまで突っ走らなあかんかったというのは、周りの状況がそうさせていたっていう部分もあったかなと思います。だから、その時代の解放教育を否定する気持ちにはなれないんです。

家庭ごとに個別の事情だって絶対にあるんだから、「みんな同じ中学にいかなあかん」というのは乱暴だし、いま思えば、「そこまでやってよかったんか」と思う。いまの僕やったら絶対にしないと思う。

保護者や本人ととことん話をした結果、「私立に行く」という気持ちが変わらないのであれば、それを応援して、合格したら祝福することができる学校でありたいと思います。

でも、自分も当時、その学校にいた教師の一人ですから、評論家みたいに「行きすぎやった」という資格も権利も、ほんまはないんです。

学校がおかしくなった

――その後、学校教育がおかしくなってきたと感じた時期があるそうですね。

2005年に、3校目で最後に担任を持ったときです。完全学校週5日制がもう始まって土曜日の授業がなくなって、毎日の時間割も大体6時間目までになって。ゆとり教育と言われつつも学習計画はすごくタイトになっていた。

で、子どもになんか元気がない。放課後に誰も遊ぶ子がおれへんと。公園行ったら誰かおるやん、と言うと、みんな塾に行ってるんですね。全体的に子どもらが疲れてると感じ、「僕はいまの子どもじゃなくてよかったな」と思ってしまった。担任としてそんな子どもたちを見るのがちょっとしんどくなってしまったんです。

――2006年に管理職になり、市教育センターの指導主事も経験しています。

教員研修では「即戦力の育成」みたいなことを求められるようになりました。教員は、指導書の通りのことができるように求められるようになりました。大学の教員養成課程の内容も変わりました。模擬授業をやらせたり、保護者対応のシミュレーションをしたり。教員採用試験の内容も変わってきたんですね。

教育委員会が学校に出す通知文も電子化されて、数がものすごく増えました。それまでやったらプリントアウトして学校に郵送するのは事務局としても大変な作業だったから、厳選するじゃないですか。それがなんでもかんでも、1日に何通も送ってくるようになりました。どんどん現場が忙しくなっていきました。

保護者も変わった。新任の先生が未熟でも大目に見て、自分らも一緒に育ててあげなあかん、ぐらいの感じやったのに、「あんたの責任でしょ」みたいな。その頃から、教員と保護者の関係が、教育サービスを提供する側と受ける側、みたいになりました。

——久保さんは校長だった2021年春、大阪市が学校現場の実情に合わないオンライン学習の施策をとったことに対して、批判的な「提言書」を当時の松井一郎市長らに出しました。その中で全国学力調査についても批判していますが、なぜですか。

基礎的な学力はもちろん必要です。でも学力調査って毎年やる意味も全校での調査にする必要もないと思います。元々は教師の指導力に還元する目的だったはずなのに、いつのまにか子どもにも1点、2点を競わせて、学校どうしも平均点で競わせるようになった。平均点は、保護者の所得平均とほんまに比例しているのにね。「この学校大したことないんやな」なんて、そんなことを思われてうれしい子どもなんていないですよね。

いま、全国学力調査の過去問を解いて、点数を上げるような指導がなされています。点数の高い県はすごい力入れていますね。ペーパーテストってもの自体が、そういうもんなんですよね。どうやって作っても、対策で点数があがってしまうから。でも、そういう指導で点数があがっても、それは学力がついたってこととは別なんじゃないでしょうか。

――大阪市は学校ごとの平均点をホームページなどで公表しています。

大阪市では学校選択制になってから、新1年生の家庭に配られる区の冊子にも学校の平均点が書いてあるんですよ。

僕が最後に勤めた小学校がある淀川区は小学校が17校ありました。自分が住んでる学区と、隣接する学区の学校に行けるんで、僕がいた学校だったら4校から選べたんです。

学校説明会に来たお母さんが話をしにきて、「毎年、全国学力調査の平均点は全国平均より上ですよね」と言いました。過去の冊子を見たんか、ホームページで見て知っていたのだと思います。

「この学校いいなって思ってる」と言ってくれるんですが、話してるうちに4校の範囲に住んでないとわかった。で、「引っ越しも考えてる」と言います。

もちろん、子どもの数が減って廃校になったりしたら困るから、外から来てくれるのはありがたいことです。

でも、僕が「子どもさん、どう言うてるんですか」って聞いたら、「子どもは幼稚園が一緒の子と同じ小学校に行きたいと言ってます」と。僕はびっくりして、「お母さん、点数だけで決めて引っ越してきたら後悔するかもしれませんよ。近くの学校もいいところがきっとあると思うし……」って答えました。

まじめでええ感じのお母さんです。子どものために、少しでも学力高いとこへ、って思ってはるんです。ほかにも、行ける限りの小学校の説明会に行ったそうです。

ここまでしないにしても、同じ気持ちにさせられている親はいるんとちゃいますか。公立やったら、どこでも同じような教育が保障されるのが、ほんまやと思うんですが……。

大阪の教育、良い部分つぶされた

――大阪市の学校選択制は、橋下徹さんが市長だった2014年度に導入されて、いまは全ての市立小中学校で採用されています。全国の市町村でも2022年度は約

2割で採用されていますね。

全国学力調査でも、大阪で市町村ごとの平均点が公表されるようになったのは、松井一郎さんが府知事だったときですよね。条例が改正され、教育委員会ではなくて府知事が教育目標の計画を作るようになったときです。

維新の教育改革によって、よくなった部分もあるんでしょうけど……。「共に学び、共に育ち、共に生きる」という言葉にあるような、大阪の教育文化の良かった部分をいっぺんにつぶしてしまった印象です。

――松井前市長は久保さんの提言書に対して「（社会の）現場がわかってない」「子どもたちはすごいスピード感で競争する社会の中で生き抜いていかなければならない」と言っていました。

競争社会はわかる。でもその社会を作ってるの、誰なんって。政治家なんて最も責任感じなあかん人たちです。「生き抜く」ハードルを低くして、その上でがんばれというならわかりますけど……。「落ちこぼれる奴は自己責任や」っていう考えが言葉の裏に隠れてると思うんですよね。

小学校では「生き抜く」ことでよい学級集団なんか作れません。「生き合う」ことを学び、その子らが大人になり、真っ当な社会ができていくと思います。

いまの社会をそのままほっとくのは無責任やと思います。競争して生き抜くことだけを教えられた子どもたちって、不幸やなと思うんです。どこまで行っても安心できないじゃないですか。

――さきほどおっしゃった、維新の教育改革でよくなった部分とは。例えば大阪市で言えば、中学校給食の導入とか、コロナ禍で始まった小中学校の給食無償化などはよい施策でしょうか。

そうですね。制度づくりで良い形にするよう持っていった教育委員会の人たちも偉かったと思いますが、維新市政の、既成概念にとらわれへんで、やるとなったら重点的にやるという点はいままでの政治家の人たちよりは決断力はあるというか。変えるとこは変える勢いはあると思います。

でも、そういう勢いによって、なくしたらあかんものまでなくされていっているのは事実だと思います。

――提言書は、強い調子で書かれた印象です。

それぞれ学校には違う事情があるのに、意見も聞かず、「自宅でのオンライン学習が基本」って市長が急にテレビのニュースを通して発表しました。

2020年春の、全国一斉休校のときも急でした。国が決めるより早く、大阪市は独自に休校を決めましたよね。休校の判断自体は間違ってたかどうかはわからへんし、僕が仮に市長でもそうしたかもしれへん。

でも、事前に教育委員会が学校に通知を出して、学校ごとの状況についても調整し、細かくやるべきです。あまりにも突然でむちゃくちゃやな、と。子どものためではなく、政治の道具、パフォーマンスやと感じました。

吉村洋文知事のイソジンの話（吉村知事は2020年8月の記者会見でうがい薬で新型コロナの陽性率が減るとして、「イソジン」を例示した）もそうやけど、市民のためじゃなくて、維新という政党が注目を浴びるためにやってるみたいな感じがして、それが一番頭にきました。

でも維新市政、府政になる前から、たぶん自民党の小泉（純一郎元首相）さんのころからじゃないでしょうか。規制緩和と言って教育をどんどん市場に開放して、僕らが思っていた教育とどんどん違う方向に向かっていったのは。

だから、大阪でも、仮に大阪維新の会ができず、そのまま自民党が安泰でいたらどうだったかって考えると……。いまみたいな状況にならなかったのかと言えば、そうでもないいんやろうなと思います。


――これまでの学校側に問題はなかったのですか。


あったと思います。例えば先生らが時間にいい加減で、それが働き過ぎの問題を起こしたのかもしれない。教育改革で、改善したところもあるでしょう。

でも今度はそれが行き過ぎて、学校の文化や豊かな学びがどんどん失われている。昔は先生の自立性があったから、子どもにもその姿を見せて、自立的に生きていくことを教えていた部分がある。

いまそれが、校長、教頭、首席とか縦の系列で統制していこうってしたときに、本当の意味での人格形成をめざした教育からは遠くならざるを得ない。

バランスの問題というか、何か、どっちかに針が振れすぎてしまうのでしょうか。

日本人の特徴として。

クラスで問題が起きたときは……

――保護者から、問題が起きたときにクラス全体で話し合うことが少ないと聞くことがあります。当事者どうしだけ別室に呼び出して話をして、それで終わりになると。

いまの先生たちは話し合いを嫌がる人が多いし、そういうのが苦手なんですよね。当事者どうしで話すのはもちろん大事なんですよ。でも、それだけで終わらせず、みんなに知らせて、一緒に考えないと。

子どもから「実はこういうことがあって」と意外な情報が出てくることもあるし、当事者だけ呼び出して、そのままにしていたら「なんかあったんやな」と臆測を呼んだままになってしまうし。

でもいまの先生は、みんなに話を共有するとややこしいことにならへんかっていう懸念がある。「みんなこれ以上、聞いたらあかんよ」とか言って先生が収めることも、いまの子たちが相手だとできるんで、その方が簡単なんですよね。

若い先生は自分自身が子どものころに、みんなで話し合う経験が少ないんやと思います。僕が校長のときも、「なんでみんなに話をしないといけないのか」ってとこから説明しないとわかってもらえませんでした。僕だったら自分の体験を交えて話をするとか、それが難しかったら何かの教材を使って、そこから話を本題に持っていくとかするよって。そんな話をしたこともありました。

例えば、放課後に習ってるサッカーとか野球の中で起こった問題でも、ひもといていったら、その日の教室であったこととつながっていることもある。

そこでクラブの監督に「学校に持ち込まないでください」と言ってしまう先生もいる。

ただ、僕が担任をしてたころは、まだそれなりに時間があったんですよね。いまは子どもたちをちょっと学校に残して話し合いをしたら、習い事遅れたとかでクレームがいっぱい来ます。

――2章で、新人時代の久保さんのクラスで問題が起きたとき、「みんなの問題として考えなあかん」と呼びかける場面がありましたが、単に理想として言っているわ

久保敬さんが現役教員時代から描き続けている４コマ漫画「ガッツせんべい」

けじゃないと。

そう、ほんまにみんなの問題なんですよ。

「知らんし、関係ない」という態度の子もいてるけども、僕は「それは違うで」って言います。知った以上はみんなの問題になってくるし、そもそも知る前から周りの子たちもその問題に関係しているっていうことがすごく多い。知らんこと自体が原因の一つになっていることもありますしね。

おかしいことはおかしいと言える社会に

――教員をめざす人が減っています。大分県では、2023年度の公立小学校教員の採用試験受験者数が減って「定員割れ」が起きたほどです。

教員をめざす人って、自分が子どものときに先生や友だちと楽しく過ごせたという経験がある人が、結構いるんじゃないかと思うんです。

でも、実際にそういう経験があっても、上から言われた通りのことをやる先生がほめられて、そうでない先生は要らないと言われるような状況だったら、夢や希望を持

授業で様々な工夫をし、子どもたちを楽しませた久保敬さん。手にするのは腹話術人形の「Qちゃん」

てません。

むしろ企業の方が楽しそうで、学校の先生なんかになったら気持ちも体もすごくしんどくて、一番やりにくい職場なんじゃないかと思わせてしまっている。

先生たちが、自分たちは期待されてる、応援してくれる人がいてると思えるかどうかが大きいですよね。

待遇を上げることも大事やと思います。仮に上げたからってすぐに解決する問題ではない。でも、すぐに変わらないからといって、元に戻したらだめです。10年、20

年の長期ビジョンで考えないとだめでしょうね。

――提言書を出したことで市教委から受けた文書訓告処分は不当だとして、2023年2月には大阪弁護士会に人権救済の申し立てもされています。

僕が黙っていたら、現役の人たちがますます声を上げにくくなってしまいます。先生が真面目に仕事をしながら日々感じることを発言するのは当然の権利。それがないと、ますます息苦しい教育現場になる。

教師が信用されていないとすごく感じます。トップダウンで、「これが子どもの利益や」みたいなことがおりてくる。労働力として経済に役に立つ「価値ある人間」を作るのは、大人にとって都合がいいかもしれません。いま日本がどんどんそういう方向に進んでる。

それにずっと疑問を抱いてきたので、何も言わずに退職したら、自分が世話になった先生方や子どもたちや保護者を裏切ることになると思って出したのが、あの提言書です。

僕らは、大人が言ったことをそのまま従順に守る子どもたちを育てたいんじゃない。

子どもたちには、大人たちが作った社会のだめなところを乗り越えて、新たな社会を作っていってほしい。

空気が読めないとか協調性がないとかいうこととは違います。やっぱり、おかしいことをおかしいと言うことが、人間として大事なことです。

5章

48歳になったトシくん

この章では久保敬さんの新人教員時代の教え子「トシくん」のいまについて書く。

2章で書いたとおり、トシくんには知的障害があった。クラスみんなで彼を支えていくはずだったのに、やがて限られた子だけしかトシくんを自宅まで送ろうとしなくなった……。そんな状況に担任の久保さんが「どないなってんねん」と言って開いた学級会では、子どもたちが互いを非難し合い、「当番制でトシくんを送ろう」と話がまとまりかけた。

そのとき、ふだんはおとなしいヤマシタさんという女の子がまっすぐ手を挙げてこう言った。

「トシくんはモノと違うねん」

1985年に開かれたこの学級会のエピソードは、2023年春に朝日新聞の連載で記事にしたが、実は私はその1年前にも同じ話の概要を書いていた。見出しは「37年前の学級会　子どもから学んだ」。久保さんが定年退職するタイミングで、本人の語りを聞き書きした形式で記事にしたのだった。

これを書く前に本来ならば、あだ名とは言え、本人や親族の了承を得なければいけなかった。しかし、トシくんのご両親はすでに亡くなっているとのことで、久保さんも彼がいまどこに住んでいるかわからないとのことだった。

記事では「知的障害のある男の子」などと匿名で表記することもできたが、私は「トシくん」と書かないと、読者にとって当時の教室の雰囲気が遠く感じられると思った。通っていた学校の名前も具体的な地域名も出しておらず、本人が特定される可能性はほぼゼロだと判断して、「トシくん」という表記を使って記事を書くことにした。

しかし、2023年になって、1985年当時のトシくんの同級生たちの取材を進めるうちに、「近所でお姉さんと出歩いているトシくんを見た」という情報を得た。すでに仕上がっていた連載記事には間に合わないが、本人や親族に会える可能性があるならば、本人を探す努力をしなければならない。

久保さんが保管していた小学校の卒業アルバムには、当時のトシくんの住所が残っていた。会社に置いてあるゼンリン社発行の住宅地図のページを開き、その住所の近辺を一軒ずつ丁寧につぶしていった。すると、少しずれた位置にトシくんの名字が書いてある住宅が一軒、あるではないか。

私はすぐに会社を飛び出て、そのお宅へ向かった。


大阪市内の住宅街にある一戸建ての表札に、たしかにその名字があった。

チャイムを鳴らし、「○○さんのお宅ですか」と尋ねると、インターホンごしに女性の声で「はい、そうですけど……」と返事があった。

私は、自分は朝日新聞の記者で、大阪市の松井市長に「提言書」を出した久保さんを長期間取材しているということ、トシくんが久保さんの新人時代の教え子であること、住宅地図を頼りにチャイムを鳴らしたこと、最新の連載記事に「トシくん」という表記で名前を出す許可をいただきたいということを伝えた。

玄関を出て、敷地の門扉の前まで出てきてくれた女性は、トシくんの5歳上の姉だった。

少し遅れて、大柄な男性が玄関のドアから出てきた。

私は久保さんが持っていた1985～86年当時の古い写真で、子ども時代のトシくんの顔を知っているだけだ。でも、たしかに面影があるように見えた。

お姉さんは言った。

「あまりよう知らんのですよ。久保先生って、その久保先生なんですか？　あの、よう新聞に出てはる」

私は「そうなんです」と答えて、持参した新人教員時代の久保さんの写真を、その男性に見せた。お姉さんが「トシくん、久保先生知ってるなあ？　うん？」と声をかける。

トシくん。

やはり男性は、40年近く年齢を重ねた、あの「トシくん」だった。

そういえば、トシくんはいま40代後半のはずで、私より6学年上になる。「トシさん」と呼ぶべきだろうと思い、私はこう尋ねた。

「覚えてますか？　トシさん」

トシくんは写真に見入り、コクリと2回、首を縦に振った。

お姉さんはパッと笑顔になり、「あー、トシくん、そうやあ。やっぱりそうだったんや、あの久保先生やってんねー」と言った。新聞にトシくんのことを書きたいという私のお願いも、すぐに了解してくれた。

「この子、小学校の頃の思い出がとてもいいものやったと思う。学校がとても好きで。だからたぶんいい先生だったんやろなーと。みんなもトシくんトシくんってよう言うてくれたから。大事にしてくれて」

お姉さんによると、トシくんは散歩をしているとき、母校とは違う学校を見かけても、指をさして喜ぶのだという。

「この子は知的障害があるから、普通の人から見るとわからへんけど。私からみたらね、うれしそうなんですよ」

2章にも出てくる同級生のタケルさんは、卒業後もトシくんと付き合いを続けているという。

「成人式のときも、一緒に連れて行ってくれたり。その後もたまに会ったら『トシー』とか言って。よう付きおうてくれて」

私はトシくんに「学校、楽しかったですか」と尋ねた。お姉さんも言葉を重ねた。「トシくん、久保先生のクラス楽しかったんやな？」

するとトシくんは、「うん」と言った。

私は、トシくんがタイチロウさんやほかの級友たちと写っている小学校時代の写真を見せ、「これ、タイチロウくんですよ」と話しかけた。

トシさんは「かあー」と言って、うなずいた。

「これはタケルくんですよね」

トシさんはもう一度、「かあー」と言って、うなずいた。

お姉さんは「よかったねえ。そうやったんや」とトシさんにほほえみかけた。子ども時代の写真を記事に載せることにも、同意してくれた。

新しく連載に載せることになっている、トシさんについての記事を、お姉さんに読んでもらった。お姉さんは「こんなことあったんやねー。へえー」と、うなずきながら、読んでくれた。

「みんな話し合ってくれて、えらい大事にしてくれて。ほんま……大事にされてたと思うんです。ここの地域の教育方針もあるから。このメンバーもよかったし、先生もよかったし」

お姉さんは、2021年5月掲載の久保さんの「提言書」の記事や、22年8月に掲載した濱家さんとのエピソードの記事も、新聞で読んでくれていたとのことだった。その1年前に出した記事のコピーを差し出し、当時は許可を取らずに「トシくん」というあだ名を載せたことをわびた。

たまたま見落としていたというお姉さんは、「これ、もらっていいんですか」と言いながら、「あらあ、うん、この先生や〜」と、トシくんにもその記事を見せた。トシくんは再びうなずいていた。

私はそのまましばらくお姉さんと立ち話を続けた後、帰り際、隣に立つトシくんの右手を握って、「ありがとうございます」と頭を下げた。

すると、トシくんは門扉を開けて、急にしゃがみこみ、私のズボンの右足のすそをつかんだ。

なんだろう、と少し驚いていると、お姉さんが「あ、好きなんですよ。人の足元が」と言った。

私が「いいですいいです、汚いですよ」と言ってもトシくんはやめない。

お姉さんはまた、「すそあげが大好きで……」と言って、笑った。

トシくんはすそを上げると、今度は私のはいている黒い靴下を上の方にピンと引っ張って、きれいに直してくれた。左足にも同じことをしてくれた。

久保さんから取材で聞いた「きれい好きなトシくん」そのままの姿だった。

下校中にゴミを拾い、よその家の玄関の靴の乱れまで整えたというトシくん。

私は「感動した」という言葉では簡単には言い表せないような、それまでに経験したことのない気持ちになった。

お姉さんによると、トシくんは小学校卒業後、中学・高校まで地域の学校に通い、その後は障害者福祉施設に通うなどして過ごしてきた。8年ほど前に両親が相次いで亡くなり、いまはお姉さんと2人暮らしをしているとのことだった。

いまも玄関の靴が乱れていると、トシくんは必ずきちっと整えるという。

それは小学生のころから変わらないそうだ。

私は改めて、本当にあの教室にいた「トシくん」と会えたんだ、という感慨を抱きながら、帰り道を歩いた。

おわりに

この本の1、2章はそれぞれ2022年秋、23年春に朝日新聞大阪版に掲載された連載記事に加筆したものだ。それ以外は新たに書き下ろした。

本を書くにあたっての一番の原動力は、教師・久保敬さんと子どもたちとの物語を一人でも多くの人に読んでもらいたいという気持ちだった。

それでもなお、私の中では何かに「書かされた」という思いが消えない。

一つは、久保さんの教え子のみなさんだ。

まずは濱家隆一さんの異常とも言える記憶力が、1章を書くうえでの大きな前提となった。たった1回の取材で、当時の教室で起きた出来事を鮮明に語ってくれたことには本当に驚いた。

小学4年生までは学校で問題児扱いされ、家庭のことも「うっすらしか覚えてない」と言うように苦労があった濱家さん。それだけに、5、6年生で過ごした久保学級での楽しい思い出が、はっきりと頭に刻まれているのだと感じた。

子どもにとって先生という存在がどれだけ大きなものかということを教えられ、一人の人間の人生を左右しうる、その仕事のすばらしさを感じると同時に、一歩間違えたら……という怖さも感じた。

取材に協力してくれた同級生のみなさんが、久保さんについて記憶しているポイントはそれぞれに違った。大人にとっては何げない一言やちょっとした行動でも、子どもにとっては一生忘れられないものになりうるということも、改めて認識させてもらった。

濱家さんの同級生は久保さんを通じてすぐに連絡をとれたが、2章で書いた新人教員時代の教え子のみなさんは、さらに9学年上ということもあり、取材を始めた当初はほとんど居どころがわからなかった。

それでも細い手がかりをたどって取材は進み、この本で実名を出した人たちには全員、直接会って取材をさせてもらうことができた（連絡先や居場所がわからなかった2章のケンジさん、匿名を希望した1章のヒロシさんと2章のヤマシタさんのみ、仮名で掲載した）。「久保先生のためなら……」と、楽しかった思い出だけでなく、小学生当時のつらい心境まで語ってくれたタケルさんを始めとするみなさんの存在が、私の背中を押してくれた。

2章に名前は出てこないが、舞台となった5年2組の隣の3組にいたマナミさんには大変お世話になった。取材を始めて間もない頃、電話で連絡がとれたツトムさんから「取材を進めるなら絶対に、マナミに会いに行った方がいいですよ」と助言をもらい、会いに行った女性だ。顔が広く、連絡もまめで、タイチロウさんが立ち飲み屋を営んでいるということも、彼女から聞いた情報だった。

もう一つ、私にこの本を書かせてくれたのは、大阪の先生たちの存在だ。「久保ちゃんのためなら」と取材に協力してくれた久保さんの教員仲間の先生。久保さんに影響を与えた歴代の先生方。この本の元になった新聞連載を読み、メールや手紙で励ましてくださった見知らぬ先生たち。濱家さんを取材するきっかけとなった久保さんの退職祝いに私が出席したのも、そんな元教員の一人が熱いメールで招待してくださったからだった。子どもたちと誠実に向き合い続けた先生は久保さん一人ではない。この本に出てくる久保さんはある意味で、これらの先生方の代表選手と言うこともできると思う。

付け加えるなら、新聞記者として長らく「生活綴方《つづりかた》」と呼ばれる作文教育の取材を続けてきたことも、私にこの本を書かせた要因の一つとなっている。

とりわけ、大阪・堺《さかい》市立安井《やすい》小学校の勝村謙司《かつむらけんじ》さんが担任をした6年1組に通い続けた1年間は、私の記者人生を大きく変えてくれた。周りと衝突してばかりの子、クラスになじめずいじめの対象になりかけた転校生。勝村さんがその一人ひとりと真剣に向き合い、だからこそ子どもも作文に本音を書いた。授業でそれを読み合った周りの子たちも、その子の立場や置かれた環境を想像し、接し方が変わっていく様子を記者として目の当たりにした。

久保さんも学生時代の教育実習で生活綴方と出会い、新人時代から日記指導に取り組んだという。1章で紹介した濱家さんやヒロシさんの日記、2章で紹介したケンジさんやタイチロウさんの日記などを読んでもらえば、クラスの雰囲気が感じられるだろう。

近年、ネット上でも現実の世界でも、人々の分断や罵り合いがやけに目につくようになったと感じる。そんな時代だからこそ、少しでも多くの人にこの本を手にとっていただけたら幸いに思う。

1、2章の元になった新聞連載の執筆を見守り、多くの紙面を確保してくださった朝日新聞大阪社会部の坂本泰紀デスク、大阪ネットワーク報道本部の柳谷政人デスク、3章に助言をいただいた大阪社会部の木村和規デスクを始め、これまで私に関わってくださった朝日新聞社のみなさん、ありがとうございました。

新聞連載に興味を持ってくださり、出版の機会を与えてくれた朝日新聞出版の山田京子さん、深く感謝いたします。

家族にも。妻の景子は、提出前の原稿のいちばん最初の読者として、何度も鋭い指摘をくれた。いつもありがとう。この本に出てくるかつての小学生たちと同じ年代になった娘のはる、もう少し小さな息子の楽。いつかこの本を読み、感想を聴かせてほしい。

最後に、度重なる取材で大変な負担をかけたにもかかわらず、いつも笑顔で私を迎えてくれた久保先生。あなたは、教え子のみなさんだけでなく、私にとっての「僕の好きな先生」でもあります。学ばせてもらったことを胸に、これからも書き続けていきたいと思います。

本当にありがとうございました。

2023年夏　宮崎亮

写真
久保敬さん提供（p.71,81,87,89,93,95,155）
濱家隆一さん提供（p.21）
著者撮影（p.107,123,153,197）
白井伸洋撮影（p.19,40,47,163）
篠塚健一撮影（p.67）
西岡臣撮影（p.143）

初出

1章「僕の好きな先生」：2022年7月24日より朝日新聞デジタルにて記事を配信。同年中に朝日新聞大阪版でも全20回の連載記事を掲載したものに加筆修正しました。

2章「僕の好きな先生1985」：2023年4月8日より朝日新聞デジタルにて記事を配信。同年中に朝日新聞大阪版でも全20回の連載記事を掲載したものに加筆修正しました。

その他の章は書き下ろしです。

宮崎亮（みやざき・りょう）
一九八〇年生まれ、東京都国立市出身。二〇〇五年に朝日新聞社入社。富山総局、和歌山総局、大阪社会部、奈良総局、東京社会部などを経て、二〇二三年秋から広島総局勤務。主に教育現場を取材してきた。サッカーのミャンマー代表選手の亡命を巡る報道で二〇二二年に坂田記念ジャーナリズム賞特別賞を受賞。著書に『こころの作文　綴り、読み合い、育ち合う子どもたち』（かもがわ出版、勝村謙司氏との共著）。

僕《ぼく》の好《す》きな先生《せんせい》

二〇二三年九月三〇日　第一刷発行

著　者　宮崎　亮
発行者　宇都宮健太朗
発行所　朝日新聞出版
〒一〇四-八〇一一　東京都中央区築地五-三-二
電話　〇三-五五四一-八八三二（編集）
〇三-五五四〇-七七九三（販売）

印刷製本　株式会社　加藤文明社

ISBN978-4-02-251935-1
定価はカバーに表示してあります。
落丁・乱丁の場合は弊社業務部（電話〇三-五五四〇-七八〇〇）へご連絡ください。
送料弊社負担にてお取り替えいたします。